福建省学校团干名师工作室丛书

XINSHIDAI FUJIAN GAOXIAO TUANZHIBU JIANSHE DIANXING ANLI HUIBIAN

新时代福建高校团支部建设典型案例汇编

刘晓晖　编

光明日报出版社

图书在版编目（CIP）数据

新时代福建高校团支部建设典型案例汇编 / 刘晓晖编. -- 北京：光明日报出版社，2021.4

ISBN 978-7-5194-5891-1

Ⅰ.①新… Ⅱ.①刘… Ⅲ.①中国共产主义青年团—高等学校—共青团工作—案例—福建 Ⅳ.①D297.6

中国版本图书馆 CIP 数据核字（2021）第 057795 号

新时代福建高校团支部建设典型案例汇编

XINSHIDAI FUJIAN GAOXIAO TUANZHIBU JIANSHE DIANXING ANLI HUIBIAN

编　　者：刘晓晖

责任编辑：李月娥　　　　责任校对：刘欠欠

封面设计：中联华文　　　　责任印制：曹　诤

出版发行：光明日报出版社

地　　址：北京市西城区永安路 106 号，100050

电　　话：010-63169890（咨询），010-63131930（邮购）

传　　真：010-63131930

网　　址：http：//book.gmw.cn

E - mail：liyuee@gmw.cn

法律顾问：北京德恒律师事务所龚柳方律师

印　　刷：三河市华东印刷有限公司

装　　订：三河市华东印刷有限公司

本书如有破损、缺页、装订错误，请与本社联系调换，电话：010-63131930

开　　本：170mm×240mm

字　　数：251 千字　　　　印　　张：14

版　　次：2021 年 4 月第 1 版　　　　印　　次：2021 年 4 月第 1 次印刷

书　　号：ISBN 978-7-5194-5891-1

定　　价：58.00 元

前 言

习近平总书记在纪念五四运动100周年大会上指出："青年是整个社会力量中最积极、最有生气的力量，国家的希望在青年，民族的未来在青年。"高校是青年思想政治引领的重要阵地，是社会进步的窗口，是青年世界观、人生观和价值观形成的重要场域。

团支部是共青团工作和活动的基本单位，是团的最基层的一级组织，它同广大团员青年有着最直接、最广泛的联系，是团的各项工作的显示终端。高校基层学生团支部是高校共青团工作的基本细胞，是高校共青团开展工作的落脚点和支撑点，是高校共青团联系青年、团结青年、引领青年、服务青年的重要纽带。

共青团中央教育部关于印发《高校共青团改革实施方案》中明确提出要巩固和创新基层团组织建设，深入实施高校基层团支部"活力提升"工程。团的十八大报告也明确提出"全团抓学校"的工作思路和"大抓基层"的工作导向。

党的十九大以来，福建团省委根据新时代、新形势、新青年的工作要求，以全力推进高校共青团改革为契机，牢固树立大抓基层的鲜明导向，注重顶层设计，推进与指导各高校团委，围绕着学习、宣传、贯彻与践行习近平新时代中国特色社会主义思想与党的十九大、团的十八大精神，以提升团支部活力为根本日标，以"青年大学习""智慧团建"等重点工作为抓手，大力推进团支部的组织建设创新和支部活动创新，推动全省高校基层团支部的建设更具凝聚力、向心力与战斗力。

为能够更为全面地了解与掌握各高校基层团支部的创新做法，找到增强基层组织活力的好模式和好途径，2019年10月，福建团省委学校部面向全省高校团支部开展案例征集工作。经过遴选，决定对其中特色鲜明的案例进行汇编，结集成书，以期能够既全景地展示团支部活力提升的整体创建成果，也可以特景展示团支部活力提升的特色做法和典型经验。

本书中的案例都是来自各高校基层团支部的工作实践，文字撰写均出自高校团支部的学生团干，每篇成文时间为2019年10月—11月。出于对学生团干所要展示的工作与表达思想的尊重，在汇编与整理过程中，尽量原汁原味保留了学生团干所表述的内容。由此，部分篇章的文字表述、逻辑结构上还略显稚嫩。此外由于我们在案例遴选编辑上难免有所遗漏，政策性、系统性、完整性有所欠缺，敬请广大读者谅解。

编写组

2020年4月

目 录
CONTENTS

上篇：组织建设创新案例

下篇：支部活动创新案例

上篇

01

组织建设创新案例

不忘初心，筑“四有”支部；牢记使命，展青春风采

一、支部简介

厦门大学医学院2015级本科国防班团支部由全体共28名国防生组成。团支部自成立以来一直牢记习近平总书记对新一代青年的嘱托，不忘初心，牢记使命，积极开展支部活动，四年来共计183次。全体成员积极进取，蓬勃向上，在思想建设和学风建设上都取得可喜的成绩，支部荣获2016年度厦门大学“五四红旗团支部标兵”、2017年度厦门大学“五四红旗团支部”等荣誉称号。

二、案例解析

（一）案例概述

支部自成立以来，积极遵循高校国防生教学、训练的特点规律，紧贴国防生自身成长环境和行为特点，始终把军队纪律与校园文化相互结合，积极借助高校思想政治教育阵地，不断夯实国防生专业素质基础，强化军人核心价值观，提升团支部的吸引力、凝聚力和战斗力，建设新时代的“四有”团支部。

（二）思路与理念

1. 坚持把铸魂砺志与理论文化学习相结合，建设新时代“胸中有笔墨”的国防生团支部。

2. 坚持把锤炼军人核心价值观与高校思想政治教育相结合，建设新时代“脑中有思想”的国防生团支部。

3. 坚持把彰显先锋模范作用与执行各项任务相结合，建设新时代“肩上有责任”的国防生团支部。

4. 坚持把展示国防生风采与开展具体实践活动相结合，建设新时代“心中有大爱”的国防生团支部。

(三) 工作成效

“胸中有笔墨”

1. 争当创新理论武装的“排头兵”。在“四种精神庆南强辉煌，圣手医德护苍生健康”主题团课活动中获得一等奖，在医学院团课系列活动“重温抗战经典，共建和谐社会”表演比赛中获得三等奖。积极参加“讲党史、忆校史、葆先进、做表率”学习教育微党课活动，紧握党团建设接力棒。获评福建省及厦门大学“五四红旗团支部”。

2. 争当文化专业学习的“先锋队”。全体团员着军装参加考试，参与巡考，带动良好学风考风，助力诚信教育；实行“帮扶带”学习互助小组和集体晚自习制度；3 名同学参加第五届全国大学生基础医学实验设计大赛获得一等奖；支部成员严于律己，积极进取，共有 2 人次获得国家励志奖学金，56 人次获得校院级奖学金，54 人次获得校院“三好学生”“优秀学生干部”等荣誉称号。

“脑中有思想”

1. 开展“红色学习”活动。开设团支部系列团课，每周召开团支部小组会议，集中组织学习党团知识和时政热点，并举办翔安校区“两学一做”“十九大”知识竞赛，2018 年共举办参与团课活动 61 场，累计参与达 1600 余人次。

2. 发挥“红色共建”效益。深入驻厦门某旅海防一连队开展红色教育活动，参观遵义会议主题展览；积极与厦门大学翔安校区团工委、其他团支部共建，在全国烈士纪念日之际，前往大嶝岛开展纪念烈士扫墓献花活动；团支部开展“40 公里拉练”活动，邀请普通生共同参与，感悟并延续长征精神。

3. 拓展“红色服务”内容。团支部现有正式党员 9 名，预备党员 9 人，入党积极分子 7 人，各项人数均居全年级之首。所在党支部积极开展“传承红色经典，铸牢国防长城”校级支部立项活动，展现军人形象，磨炼钢铁意志，增强党性修养。

“肩上有责任”

1. 主动承担急难险重任务。从迎新到宿舍搬迁，从校园临时保卫到大型晚会执勤，国防生团支部总是全员出动，主动承担最苦、最累、最关键的工作，为校内各项大型活动正常开展，保障学校治安做出巨大贡献。

2. 主动承担窗口示范任务。组建国防生国旗班，每天坚持监督升旗降旗，全年风雨无阻，每年元旦、国庆等重大节日，为校区统一组织升国旗仪式，在校运会上承担升旗任务，受到校区师生的广泛赞誉。

3. 主动承担应急出动任务。在“莫兰蒂”台风肆虐厦门后，全体支部成员主动厦门大学翔安校区灾后重建工作，深受全校师生一致赞赏，2 人获评“厦门大学优秀志愿者”荣誉称号。

“心中有大爱”

1. 积极开展志愿服务。团支部成员积极开展学雷锋月活动，拜访孤寡老人，为福利院孤儿们送去温暖和关怀；积极开展中西医义诊、莲前医院导诊、校园大型赛事医疗服务等活动；2 名成员参与厦门会晤志愿活动，获评“优秀志愿者”荣誉称号；1 名成员参加“创青春”福建省大学生公益创业大赛获得金奖；8 名成员参与第四届中国“互联网 +”创新创业大赛志愿服务，获评“优秀志愿者”荣誉称号。支部成员累计参加志愿活动次数 471 人，总时长 3769 个工时。

2. 深入开展社会实践。团支部共 78 人次利用寒暑假在 14 省市开展“一带一路”国家政策宣传、急救知识普及等实践活动，获评厦门大学“优秀团队”；多名团员前往福建省、江苏省、安徽省等地开展“三送三到”系列实践活动。

（四）经验做法

在全体团支部成员的共同努力下，在厦门大学团委和厦门大学医学院团委的带领下，团支部通过提升自身吸引力、凝聚力和战斗力，在建设中求发展，在建设中求创新。紧密结合高校特点与作为一名准军人的优势，强化支部内在动力，真正做到在思想上不松懈，在行动上不掉队，与此同时，支部成员积极响应习近平总书记对青年的嘱托：“新时代中国青年要珍惜这个时代、担负时代使命，在担当中历练，在尽责中成长！”支部成员也从中得到深刻的启示：一是要立足自身，根据国防生自身成长环境和行为特点，培养集体荣誉感和集体凝聚力，贯彻军人核心价值观；二是要注重个体，要听取各个成员不同的心声、意见，尊重不同成员的发展方向，支持支部成员的多方位发展；三是保持先进，不断学习党、团的新的路线方针政策，积极主动向党靠拢，保持先进性、积极性、纯洁性。

作者：陈漳鑫　庄玉倩　厦门大学医学院 2015 级本科国防班团支部

积分制优化团支部工作模式

一、支部简介

厦门大学公共事务学院2016级行政管理本科生团支部为更好推进团支部建设，调动支部成员积极参与政治学习、团建活动、教育活动等各类团组织活动，支部创新性地借鉴积分制工作模式，将积分管理的模式融入团组织建设中，推动各项任务更好、更快落实，同时也形成“人人争相参与团活动”的良好氛围。

二、案例解析

（一）思路与理念

团支部组织建设的根本思路是“基于自愿参与原则，灵活借鉴其他领域的成功经验，结合支部组织建设实际和团员个人需求，创新管理模式”。在这一思路下，支部借鉴绩效考核中的“积分制”管理，通过每次组织活动的参与情况对参与者赋予相应1～5积分，并将个人积分累积情况进行定期公布，形成竞争，且与推优入党、优秀团员评选、学生干部推荐等激励相挂钩，以此调动支部成员参与活动的积极性。这一思路与理念源于学院开设的“公共人力资源管理课程”中提及的企业积分制，在支委内部讨论形成初步酝酿，广泛征集团员意见后形成，并在实践中不断改进。同时，为了更好地发挥支委的功能与作用，在积分记录、督促学习上采取小组形式，8～10人一组，一位支委成员担任小组组长，负责本小组的积分登记、学习督促工作。同时，对于特定相关的活动，由某位团支委干部专门负责，其他支委成员配合，以此提高活动效率、水平和质量。例如，宣传性比较强的，如“青年大学习”活动的督促，主要由宣传委员负责；实践性比较强的，如“义务星期六”，主要由实践委员负责。

（二）工作成效

1. 线下活动有声有色，支部成员积极性高

团支部围绕党的十九大精神组织开展学习分享会，每月定期开展“习近平

新时代中国特色社会主义思想”政治理论学习和“不忘初心，牢记使命”主题教育活动，提升团员政治素养，每次参与人数基本能达到总人数的2/3以上。由于平时活动的累积，支部在2018年度学院星级团支部建设中率先达到“五星级团支部”的建设标准。积极参加主题团课活动，如在“十九大代表进校园，青年学生进社区”“感受红色情怀，追忆革命精神”“五四百年纪念活动”等主题学习活动中均积极表现。同时，支部成员在学院举办的第一届“读懂中国”演讲比赛、红色舞台剧比赛中均名列前茅。

2. 线上活动按时打卡，支部成员团结意识强

线上学习活动如“青年大学习”，支部成员能按时完成学习，并自觉互相提醒督促学习。同时，部分成员还能够提升思想学习意识，在完成每周“青年大学习”的同时，通过“学习强国”平台，紧跟党的最新理论思想成果，拓展学习范围。

3. 支委作用日渐凸显，分工合作提高效率

小组式的工作模式打破长期以来团支书任务过重、支委功能弱化的困局。首先，通过小组负责制，支委成员发挥日常引领作用，便于更加直接的管理和接触；其次，小组制也使得支委与支部成员的联系更加紧密，能够及时反映团员意见和建议；再次，由于分管人员变得精简，工作效率显著提升，能够更好地将注意力放在活动质量的改善上，而非仅仅应付任务；最后，特色相关工作负责专门化，能够发挥每位支委成员的职位优势和个人优势，打破团支书一人组织的活动组织形式，让团员有更多的活动体验和获得感。

（三）经验做法与思考

1. 坚持支部工作精细化

积分设定应实行精细化管理，鼓励团员参与支部活动，发布活动时尽量详细地说明活动的时间、目的、意义、流程、持续时间、可能的收获，以及所设置的参与积分、积分数设置的原因等情况，让团员心中有数。

2. 坚持支委分工专门化

之前团支部建设中，基本上所有的团支部活动都由团支书主要负责。要打破这种情况，除了小组制的实施，还应当发挥每位支委成员的职位优势和个人优势，实现活动特色化，改变千篇一律的形式。

3. 坚持支部建设民主化

组织建设不能仅仅只是支委发言，还要顾及团员们的真实感受。因此，支部可以定期做一个摸底调查，如通过私下询问、线上问卷等方法了解团员们的切实需求，以及对支部发展的意见和建议，以便改进不足，提升发展能力。积

分制不仅体现在支部活动参与上，还体现在团员对支部组织建设的贡献。具体而言，可以表现为以下方面：（1）为某次支部活动开展，提出具体可行的建议；（2）在支部活动中表现积极，如讨论会积极发言；（3）自觉提出并参与支部活动组织。

4. 坚持支部团队激励化

这就涉及积分的应用问题，也是最重要的一环。只有让积分与相应的奖励挂钩，才能真正调动团员们的积极性。因此，支部一开始便明确积分累计与推优入党、优秀团员评选、学生干部推荐等直接相关，以此激励团员切实参与到支部组织建设中。

作者：蓝浦城　厦门大学公共事务学院2016级行政管理本科生团支部

支部建在课题组　学风文体同步铸

一、支部简介

厦门大学公共卫生学院研究生第三团支部建立于 2017 年 10 月，两年多以来，支部围绕“奋力拼搏，勇于开拓”的支部精神，积极推进组织建设与文化建设工作，促成支部优良的凝聚力和文化氛围。

二、案例解析

（一）思路与理念

厦门大学公共卫生学院研究生日常的科研工作地点分属三幢不同的实验楼，并属于不同导师的课题组。鉴于研究生（包括硕士生和博士生）这种学生分布的特殊性，以厦门大学公共卫生学院研究生第三团支部为代表的厦门大学分子影像暨转化医学研究中心研究生团支部创新性地采取“团支部建于课题组上，党支部建于团支部上”的创建模式，大大提高支部工作效率及成效。在此组织架构的基础上进一步落实、推进与创新组织建设、文化建设（包括学术、文体等方面）工作，从而建设更具竞争力和凝聚力的团支部，为每位支部成员的成长与成才提供良好的土壤与助力。

团支部改组于 2017 年 10 月，建立于刘刚老师、聂立铭老师、鄢晓晖老师课题组。两年多以来，支部在组织建设、学术成果、文化氛围方面都获得良好的成效，专业成果尤为突出。

（二）经验做法

1. 组织建设创新

（1）改组班团，架构创新。创新是一个民族的灵魂，是一个国家兴旺发达的不竭动力。考虑到研究生分布于不同实验楼不同课题组、相同课程较少、培养目标重视学术科研的特殊性，厦门大学分子影像中心研究生团支部的代表勇于创新，经过慎重思考和分析，对团支部架构进行改组，采取“团支部建于课题组上，党支部建于团支部上”的创建模式，即颠覆原本同级学生形成团支部的横向划分模式，改为基于课题组的纵向划分模式，每相邻几个课题组的所有硕士和博士形成一个团支部。这样的组织架构大大减少通知、集会等支部建设过程中耗费的不必要的时间和精力，极大提高支部的工作效率。另外，相同课题组的同学在学术科研方面的共通点更多、平时的相处时间更多、相互了解程度更深，更利于兼顾支部各成员包括思想道德素养及学术专业素养在内的综合素质的提高，且更加有利于支部凝聚力的形成和提升。

（2）学习交流，支部联动。团干部积极参加院部团委和校团委举办的干部培训活动，努力提升干部素质，改善工作方式。且团支部重视与其他支部的经验交流与活动共办，如联合其他支部团干部召开团干部研讨会，联合分子影像中心其他支部开展博饼活动等，力求将支部建设得更加出色、更加有活力。

2. 基础团务规范

（1）分工明确，配合紧密。每一次活动团委会成员都相互合作，配合默契，促进支部的积极发展。

（2）团员管理，思想教育。支部积极落实团员管理工作，认真完成团员的教育、评议及优秀团员团干的评选，按期缴纳团费。支部定期开展有新意的团组织生活、团会和团课，帮助同学了解团党、认识作为团员的光荣和应尽的义务。另外，团委会成员定期走访各寝室，了解同学的思想心理状态，为大家排忧解难。

（3）党员发展，公正推优。所有推优评选均通过民主选举，公开公平公正，为共产党输送更多合格的团员。

3. 学风文化引导

（1）多模平台，资源分享。为了实现学习资源及各类信息的共享，支部构建多层次网络平台，设立支部公邮、普通支部群、重要消息通知群、团支部委员会群、团支部委员会后援团（本届及往届团干部）群等，功能各不相同，让资源能够在第一时间实现最大化共享，营造良好的学习学术氛围。另外学术会议前后，支部会组织成员交流想法，这样的举措使团结互助的理念深入每一位支部成员心中，也使支部的学术创新能力在院部甚至学校中领先。

（2）阳光运动，健体连心。支部每年均会联合其他支部开展“新生杯”羽毛球赛，组织团支部及邻近支部成员在科研之余积极锻炼，增强体质，展现青春风采。支部改组之后的两届羽毛球赛有多项冠军为团支部成员。此外，团支部常在闲暇时间组织大家进行羽毛球、乒乓球、游泳、跑步等多种体育运动。在一系列阳光运动中，支部成员们不仅达到锻炼身体的目的，而且支部的凝聚力也更加强大。

（3）餐聚节庆，异乡亦家。团委会多次组织支部成员聚餐，每一次聚餐气氛都十分融洽热烈，支部成员的友谊与凝聚力得到进一步加强。同时团委会举办“冬至包饺子”等活动，让同学们感受到如家一般的温馨。

作者：姚天虹　厦门大学公共卫生学院研究生第三团支部

“景润青年”修炼册

一、支部简介

“景润青年”——厦门大学数学科学学院硕士研究生2018级团支部以学院杰出院友、改革先锋、最美奋斗者陈景润先生为自己命名，以“弘扬景润精神，勇担青春使命”为特色主题，大力弘扬陈景润先生的科学精神。支委凝心聚力，加强团支部建设，支部团员争做“景润青年”，充分发挥先锋模范作用。

二、案例解析

（一）勤学研学，参与“景润青年”系列沙龙活动

青年强则国家强，新时代召唤新青年践行爱国、励志、求真、力行，争做追梦者、圆梦人。高校肩负着立德树人的重任，厦门大学数学科学学院立足数学学科特色，结合学院实际情况，以“弘扬景润精神，培养景润青年”为主题，开展“景润青年”系列沙龙活动。

厦门大学数学科学学院硕士研究生2018级团支部的团员们在团支部书记的带领下，积极参加“景润青年”学术导师沙龙及“景润青年”职业导师沙龙，与知名教授、青年教师面对面交流，从学习、科研、个人成长方面深入了解，把握正确的方向；一些支部团员学习刻苦、勤于钻研，在科研方面有所想法并小有成果，自主报名“景润青年”学术周参与学术汇报，和高年级研究生一起探讨科研，接受评委老师们的考查和指点。团支部集体参与“景润青年”系列沙龙活动不仅为推进学院学风建设、营造浓厚的学术氛围贡献出不可小觑的力量，也为团员们自身成长成才、迸发人生光彩搭建舞台。

（二）修德明德，开展“景润青年”志愿服务活动

志愿服务是社会文明进步的重要标志。为了推动团员们的思想道德建设和精神文明建设，使大家深入学习雷锋精神，提高服务他人的意识。团支部举办“学雷锋”系列志愿服务活动，使同学们通过亲身体验、切身感受，

以实际行动向雷锋同志学习，争做新时代雷锋精神的传播者和践行者。

团支部书记组织团员开展“学雷锋”主题团课，在团课的讨论环节中，团员们集思广益，提出“图书归位”“美化珍珠湾”“共享单车整理”及“垃圾分类”四个志愿服务活动的方案，分成四个团小组分别开展活动。团员们奉献爱心，服务社会，也有不少意外收获。图书归位组的志愿者通过整理书籍发现图书摆放的“小秘密”，为以后寻找图书节省不少时间；美化珍珠湾组的志愿者获得当地游客们的赞赏，给“景润青年”竖起大拇指；共享单车整理组的志愿者灵光一现提出环岛骑行的好点子，可以作为下一次团建活动的项目；垃圾分类组的志愿者更加了解垃圾分类相关知识，普及生活常识，为环保打响口号：“单丝不成线，独木不成林，垃圾分类需要每个同学积极参与。环境卫生 100 分 = 99 个垃圾箱 + 你准确无误的一投!”

（三）身动心动，投身“景润青年”走向操场活动

青年一代有理想、有本领、有担当，国家就有前途，民族就有希望。当代青年应该怀揣远大的理想抱负、练就扎实的专业本领。而实现这些目标的基础是要不断培养健康的体魄，养成良好的运动习惯并坚持，身体和灵魂总要有一个在路上。为了继承和发扬学院的“三走”活动，团支部制订运动达人养成计划，特别策划“景润青年跑起来”及研究生“新生杯”篮球友谊赛活动，鼓励同学们走出宿舍、走出教室、走向操场，更加注重体育锻炼。

“景润青年跑起来”以 77 天为周期，每天行走达到规定的步数或者跑步达到规定的路程才算达标，并按照相应规则进行排名，并颁发奖品以表鼓励。“新生杯”篮球友谊赛本着“友谊第一，比赛第二”的原则，采用循环积分赛的形式，比赛结果积分高者胜出，支部团员们纷纷投身于这两个活动中，促进同学间的交流和沟通，大家彼此之间的距离更近了。

（四）笃实践行，组建“景润青年”云南支教团队

习近平总书记在纪念五四运动 100 周年大会上深情寄语：新时代中国青年要担当时代责任，民族振兴是青年的责任。

数学科学学院团委积极响应党中央号召，深入学习习近平总书记纪念五四运动 100 周年大会讲话精神，组织“景润青年”云南支教队，连续六年奔赴云南省晋宁县双河民族中学开展扶贫支教活动，围绕教育扶贫，扶贫与扶智、扶志相结合，为地方解决实际困难，提升大学生服务基层的意识与能力，助力脱贫攻坚。

5 月 19 日，实践队再次来到晋宁县双河民族中学，开展为期三周的支教活动。支教队提前做足功课，结合学生们的情况制订详细的数学辅导方案，反复

修改试讲，将自己的数学学习经验与方法通过有趣的形式传授给孩子们。此外，为了充分利用与孩子们的相处时间，支教队每晚坚持到教室为同学们答疑解惑，巩固知识。

双河民族中学校长对实践队六年来的陪伴表示衷心的感谢，她说："你们就像燕子一样，每年 6 月份就会飞回来，为孩子们带来外面的世界，也带来梦想，在孩子们心中播下一粒种子，等它发芽。"三年来，双河民族中学的升学率稳步增长，从 2015 年的 46% 到 2018 年的 78%，位居全区中学第二名，张校长表示这巨大的进步与实践队的努力分不开。

"路漫漫其修远兮，吾将上下而求索"，团支部将不断总结、不断完善各项活动，加强基础团务建设，做实"三会两制一课""智慧团建"，努力创建"星级团支部"，推进"班团一体化"，以学促做，边做边学，充分发挥每一位共青团员的先锋模范作用和团支部的战斗堡垒作用，争取早日将自己和身边的同学修炼成"景润青年"。

作者：汪颖　厦门大学数学科学学院硕士研究生 2018 级团支部

用行动昂扬青春的力量

一、支部简介

厦门大学嘉庚学院 2017 级工商管理 1 班团支部坚持“三会两制一课”制度，运用智慧团建系统对团员和支部进行有序管理，认真完成团员报到和青年大学习，开展形式丰富多样、氛围青春活泼、内容积极向上的各类团日活动，曾获得校“一二·九”系列活动五星级示范团支部、校“五四红旗团支部”等荣誉。支部将以习近平新时代中国特色社会主义思想为指引，用行动昂扬青春的力量！

二、案例解析

（一）案例概述

为组织和引导广大团员青年深入学习贯彻习近平新时代中国特色社会主义思想和党的十九大精神，学习贯彻团的十八大精神，团支部积极开展主题团日活动。

1. “一二·九”系列活动——“新时代、新思想、新征程”主题团日班会

为深刻学习领会党的十九大精神和习近平新时代中国特色社会主义思想，支部精心策划组织开展“学习十九大，砥砺中国梦”“一二·九”系列活动之“新时代、新思想、新征程”主题团日班会，内容包括理论学习、观看视频、互动提问、唱红歌、诗朗诵、红色电影配音、学习成果展示、海报展示等。活动主题鲜明、形式活泼、团员参与热情高、学习成果显著。

2. 五四系列活动——“学习时代新思想 弘扬青春正能量”主题团日分享会

团支部以学习习近平新时代中国特色社会主义思想为主要内容，通过观看《追寻习近平总书记的初心·梁家河篇》重温习近平的七年知青岁月，支部的青年学子深深感受到习近平总书记独特的领袖魅力、青春魅力、思想魅力和人格魅力，这些弥足珍贵的精神财富既是让青年学生直接受益的人生宝典，也是青

年学生在新时期做好一名合格共青团员的行动指南。此外，分享会还组织全体团员开展“习近平新时代中国特色社会主义思想”测试、学习成果展示及明信片展示等。班会形式新颖，内容生动切合主题，寓教于乐，气氛活跃。

（二）思路与理念

支部策划开展主题团日活动，紧紧围绕习近平新时代中国特色社会主义思想，不忘初心，牢记使命，牢牢把握为实现中华民族伟大复兴的中国梦而奋斗的时代主题，团干精心策划，团员全员参与，形式生动活泼，寓教于乐。

（三）工作成效

（1）主题团日班会的诗朗诵获得管理学院“一二·九”系列活动之“新时代，中国梦”诗朗诵第一名；

（2）主题团日班会的红色电影配音获得管理学院“一二·九”系列活动之“此声有你”配音大赛第一名；

（3）管理学院 2017 年“一二·九”系列活动总评一等奖；

（4）厦门大学嘉庚学院 2017 年“一二·九”系列活动五星级团支部；

（5）管理学院五四系列活动之主题团日分享会评比第一名；

（6）管理学院 2017—2018 学年“五四红旗团支部”荣誉称号；

（7）管理学院 2018—2019 学年“五四红旗团支部”荣誉称号；

（8）2018—2019 学年厦门大学嘉庚学院“五四红旗团支部”荣誉称号。

（四）经验做法

1. 主题鲜明

主题团日活动，活动的主题要很鲜明，讲政治，前后要呼应，紧紧围绕主题设置班会环节。

2. 素材考究

主题团日班会，大部分团支部都会播放相关视频、图片等素材内容。结合当次团日班会的主题，挑选内容合适、画面清晰、时长精准、能引发共鸣的视频素材、图片素材，这是非常关键的环节。

3. 形式创新

传统的主题团日班会，基本上都是以念 ppt、观看视频、提问等形式开展。想要充分调动团员的积极性和提高团员的参与度，就需要对团日活动形式进行创新，如红色电影配音、诗朗诵、演唱红歌、制作物化的学习成果等。

三、工作感悟

本团支部工作让传统的主题团日班会“活起来”。在“一二·九”和五四系列活动中，大家往往都是采用传统的思路开展主题团日活动。本团支部在策划主题团日活动的时候，大胆创新，在班会内容设计上融入很多大家喜闻乐见的元素，让团日活动变得生动活泼，取得更好的教育效果。

作者：陆红菱　厦门大学嘉庚学院 2017 级工商管理 1 班团支部

汇青年之力以强国，聚支部星火以燎原

一、支部简介

福州大学2017级创新人才（嘉锡）班团支部共有团员46人，自成立以来，团支部本着团结、勤奋、进取的精神原则，经过不懈的努力，现已成为一个分工明确、团结友爱，并具有先进思想的集体，荣获五四红旗支部称号。在团支部组织建设上，团支部创新形式以思想教育为主线，以专业学习为中心，以科技、娱乐活动为载体，巩固团员队伍建设，增强班级凝聚力。

二、案例解析

（一）案例概述

一是团支部班子好。班子齐整，按期换届，按程序选举。支部委员特别是支部书记信念坚定、心系青年、能力突出、作风严实。支委会示范表率作用好，凝聚力战斗力强，班子分工协作，运转有序。

二是团员管理好。支部发展团员程序规范严格，有效教育、管理、监督团员，开展理论学习、仪式教育、团课活动、团员档案完备、组织关系转接、团费收缴等基础团务工作。同时，支部活动开展好。围绕志愿服务、就业创业、岗位建功、实践教育、思想引领、专业特色等领域定期开展主题团日活动，各项工作团员参与率高。

三是制度落实好。尊崇团章、贯彻团章，严格执行即将下发的《中国共产主义青年团支部工作条例（试行）》，落实“三会两制一课”，团内组织生活严肃认真、规范开展。运用“智慧团建”系统常态化、日常化，团内信息录入更新、更及时。

（二）思路与理念

支委会换届：支部班子定期进行换届选举，团支部全体成员参与选举，选出支委会成员。

入党知识教育：团支部认真做好团员的注册和等级工作，按时缴纳团费，真正落实团员的各项管理工作；团支部对支部成员进行入党知识教育，发动支部成员向党组织靠拢。

学风建设：实行一（导师）对一（学生）机制；实行一（学生）对一（学生）机制等。

团课开展：团课采取多媒体展示、个人演讲、小组讨论等形式。主题以时政热点而定，有习近平讲话精神、回忆五四运动100周年等。

支部委员会议定期召开：对阶段工作做总结和计划，各支部委员做好批评与自我批评，同时为下阶段工作制订详细合理的工作计划。凝聚力加强，在各个节日里，班委们为支部成员送去礼物和温暖，在特殊的节日里，组织支部成员一起吃火锅、开展包水饺等活动。

团支部立项活动：支部为加强团支部建设，每学期都积极响应学校的号召，有针对性地开展团支部立项活动。

1. 就业创业：举办“创时代，青年说”活动，邀请第四届“互联网+”大赛获奖团队分享自己的故事，传达自己创业过程中的所感所想。

2. 实践教育：支部寓学习于游戏，借助别样的形式纪念五四运动100周年，弘扬爱国主义，寄托爱国情感。

3. 思想引领：支部传承红色基因，前往林则徐纪念馆进行参观，坚定青年向先进、向伟人、向党看齐的决心。

4. 岗位建功：支部举办十佳老师评选，帮助推动学院发展建设，让优秀教师产生榜样效应，对全院教育系统起到示范引领的作用。

5. 专业特色：设计荧光水精灵制作、醋酸钠过饱和溶液结晶等小实验，指导福大学子动手实践。让更多同学感受到物质间神奇的变化过程。

团日活动：

志愿服务：支部前往上街中心小学，为同学们开展“大象牙膏”“渐变花环”等化学小课堂，利用生活中常见物品制造出独特的实验现象；支部参与自强社“善行100”活动，前往大润发超市进行劝募，鼓励团员参与到公益慈善的行列。

（三）工作成效

在支部委员会议方面，各班委积极参与各项活动的讨论并提出建设性的意见和建议；在团课方面，定期开展团课学习，提高支部成员对团的认同感；在学风建设方面，在班委和支委会的带动下，支部学习氛围浓烈，成员间互相帮助、交流配合。班级获奖学金人数占专业36%；同时现支部里共有入党积极分子16名，共有2名发展对象、3名预备党员、3名正式党员。

举办创新创业宣讲会活动引导支部团员挖掘校园内的双创人才在校园内营造青年创新创业的良好氛围；五四知识宣传活动吸引来自全校学生及福大不同岗位工作人员参加，如食堂阿姨、保安大叔等，参与人数高达700余人。参观林则徐纪念馆活动，支部成员深入群众中去宣传民族精神对当代社会的深远影响。十佳老师评选活动线上累计投票20105票，线下累计920票。响应评优创优的号召，助力教师团队建设；化学小实验活动提升同学们的动手实践能力，丰富第二课堂，坚定支部成员成为新时代化学强国者的决心。

支教活动中支部秉承着“导学、讲学”的宗旨，将化学的魅力呈现在小朋友们面前，激励他们不断挖掘新事物。在“善行100”活动中支部总计募捐到千余元，推动支部成员不断为公益慈善贡献青年力量。

（四）经验做法

1. 组织建设——“从我做起，从小事做起”，加强班子自身建设

在工作中强调支部成员对自己高标准、严要求，做到“分工明确，通力合作，配合紧密”。支部日常管理稳定有序，各项工作有条不紊。

2. 思想教育——“高举团旗跟党走”，提高团员的思想道德素质

通过团的组织活动，使团员了解党的基本知识、方针政策，充分调动同学们学习和工作的热情和积极性。

3. 活动开展——“寓教于乐，尽显专业特色”

在开展团的活动时，丰富支部团员的业余生活，与专业特色紧密结合。

4. 学风建设——“互帮互助，共同进步”

健全班级学习机制，在实践过程中，不断改进和创新，增强支部成员学习的积极性，提高专业素养和学习成绩，形成良好的班风、学风。

三、工作感悟

团支部充分利用各种活动机会抓好思想教育，充分落实校团委下达的各项指示，充分发挥基层支部的积极性；在活动开展上，主题多样，在志愿服务、动手实践、创新创业、专业特色等方面均有涉猎，正确地对支部成员进行思想引领，促进支部整体发展、全面发展。

作者：叶丽云　福州大学2017级创新人才（嘉锡）班团支部

打造“有思想、有温度、有活力”团支部家庭

一、支部简介

福建师范大学法学院2016级4班团支部共有团员44名。2017年，团支部作为大二支部，在全国各高校数千个候选团支部的激烈竞争中脱颖而出，荣获2017年全国高校“活力团支部”称号。无愧于“活力”的称号，团支部通过组织建设，表现出“支部成员充满活力、支部组织富有动力、支部活动具有魅力”的特色。

二、案例解析

（一）案例概述

2018年福建团省委肖华鑫书记来校调研时，很荣幸地作为基层团支部代表参与座谈，肖书记对团支部开展活动全部是大家“自愿参与”表示出强烈兴趣，而这正是团支部组织建设中最值得骄傲的地方。支部成员都积极地参与，从来没有出现被动安排的情况；支部的工作任务，成员都会积极配合协助。这种团结和活力，也许有部分先天因素，但更多的是支部带给大家一份如家般的温暖和团结，最终换来所有成员的信任和投入。

（二）思路与理念

初入大学，同学们对校园生活有许多的设想和期待，大家都希望有一个温暖、积极向上的环境，并在这样一种环境中收获成长。而团支部是同学们在校园里最熟悉的集体，如家一般的团支部，会是每个支部成员良好生长的土壤。大一时，辅导员说：“有什么样的干部，就会有什么样的班级；有什么样的支部，就会有什么样的人才。”她说一定要做好支部的领头羊，从打造集体凝聚力开始，到发挥成员的个性特长，从一开始就打好基础。作为第一届团支书，感到任重道远。支委们认真地观察支部和支部成员，在相处一段时间后都感到支部成员总体比较活泼，也愿意参与新事务，渐渐有打造“有思想、有温度、有

活力”的支部目标。

（三）工作成效

44颗心，同一个梦想，支部先后获得校“十佳团支部立项”、校“免监考班级”、全国“活力团支部”等多项荣誉，支部志愿服务总时长超过400个小时，支部学生干部和党员数、平均成绩居同专业首位。相信以打造家的态度建设支部、以对待家人的方式支部成员、以积极向上的青年风貌实现团的功能，每一个团支部都会是最好的支部。

（四）经验做法

在这样的目标驱动下，团支部围绕三个重点开展工作。

1. 发挥核心效应，构建温馨家园。好支部需要有好支委做好带头人。团支部各支委做分工，每个人负责一部分工作并对接一部分同学。支部从建立起就坚持为每位成员过生日；中秋节、端午节等都会组织大家一起过节，即使在寒暑假，也会在群里接力发送节日祝福；运动会、团立项等活动结束，还会组织支部聚会。这些建立了支部的认同感和归属感，营造了家人般的温暖氛围。积极发挥团干部、党员、积极分子的模范作用，形成正向效应。当人手不够、创意缺乏时，党员、干部、入党积极分子会主动参与，带动其他支部成员。

2. 做好制度保障，激发成员动力。支部刚建立的时候，支委会成员一起在研究学校相关规定的基础上，制定班级细则。例如，活动自愿报名制利用综合考评加分和团员评议的驱动力，鼓励大家积极参加各种不同的活动，每个月公布一次参加情况；班级推优工作也加入志愿服务参与情况作为考量标准；活动通知绝对不简单转发，而是用活泼的语言和表情说明活动详细信息及能给大家带来的收获，从内而外地激发大家的参与热情和动力。这些制度都创造了“自愿参与、积极参与”的支部氛围。

3. 严格组织生活，做到民主公平。“一个人可以走得很快，但一群人可以走得更远”，团支部有共同的理想和目标。依据校团委“五星级团支部”标准来建设支部，严格落实“三会两制一课”、团员教育评议、民主投票决策等。为了提高支部成员的学习兴趣和效果，同时遵循团员们的要求，经常组织大家走出校门，参与旁听庭审等社会观察活动，组织社区普法课等志愿服务活动；为了让评优评先更公平，支部都会先整理好候选人情况发布，再进行民主投票。在支部成员的共同努力下，团支部每年保持着“五星级团支部”的荣誉称号。

三、工作感悟

本支部最大的工作特色是支部氛围浓厚，成员集体参与意识强。在良好氛围的推动下，团支部真正成为凝聚青年、组织青年、联系服务青年的有效载体。最难能可贵的是，支部所有的工作和活动没有集中在个别精英学生上，而是真正实现全员民主决策和实施、全员参与和落实。

一个团支部的管理制度、凝聚力的打造、成员特长的挖掘从一开始还是“白纸”的时候确立，后面就很容易形成“惯性”，让团支部进入一个良好的循环。建议新生团支部可以参考这个支部的做法，把团支部对团员的关心落实到每个个体，体现在每一个小细节上，因为细节往往最能够打动人心；把对团员的教育管理落实到集体公约和制度上，既要有结果的公平，也要有过程的公平，这样才会加强支部公信力；把对团支部的品牌塑造落实到每一个工作和活动中，让每个成员都把它当成和自己有关的事情，那么支部就会成为集体智慧和努力的结晶。

作者：蔡安妮　福建师范大学法学院2016级4班团支部

凝心聚力促支部建设，共同进步展青年风采

一、支部简介

福建师范大学2017级通信工程团支部现包含59名支部成员，有正式团员55名。团支部委员会，积极全面发挥力量，增强支部团结，带领全体同学共同努力建设学习型团组织，提升团支部活力。团支部每学年以主题团日活动为抓手，全面开展各类文体活动、志愿服务活动，促进全体学生知行合一，提升实践能力，展现当代大学生风采。

二、案例解析

团支部是团的基础组织，是团组织开展工作的基本单位，是团的全部工作和战斗力的基础，担负着直接教育团员、管理团员、监督团员和组织青年、宣传青年、凝聚青年、服务青年的职责。2017级通信工程团支部把培养高质量工作的班委队伍，增强支部内部团结合作，建设学习型团组织，作为团支部队伍建设的总体目标。

（一）案例概述

团支部加强推进“班团一体化”，加强班委培养，巩固团建工作的基础，打造最强团支部建设排头兵。班委队伍建设的好坏，直接影响到团支部建设中各项工作的开展。通过“三个一”工作法有效增强支委队伍建设，每学期开展新旧班委交流会，建立并完善一项班委互相监督制度，每周召开一次总结会议，相关活动前组织一次团支部成员匿名问卷调查等行之有效的手段，同时，支部通过集体团日活动、集体志愿者活动，进一步加深团支部成员之间的学习联系与情感交流。

（二）思路与理念

1. 依制而行——培养高质量工作班委队伍

一是完善组织建设，推进管理规范化。严格按照要求规范团支部建设，做

实“三会两制一课”。创新支部管理方式，探索行之有效的支部管理运作办法。

团支部经过积极的实践探索，找到行之有效且符合支部情况的班委运行制度，使得班委团队能以支部管理者的身份处理好各项事务的同时，也能安排好个人的学习生活。经过实践探索，团支部总结出“三个一”工作法，建立班委互相监督制度，每学期开展一次新旧班委交流会、每周召开一次总结会议、相关活动前组织一次团支部成员匿名问卷调查。

二是创新管理方式，完善工作反馈机制。新任班委团队建立后，新任团支部副书记组织三次新旧班委交流会，分别设在学期初、学期一周后、学期两周后，在这期间提出的“表格化管理”工作法受到大家的一致好评，即做到事前有计划，有目标；事中有反馈，有调整；事后有结果，有总结。班委互相监督体现在日常的线上和线下交流。在日常的周总结会议中，班委队伍也有效地探讨解决了许多问题。例如，针对学习委员任务繁重，支委会经讨论决定新增一名学习委员。

2. 凝心聚力——增强支部内部团结合作

59 位团支部成员，从五湖四海相聚在 2017 级通信工程团支部这个温暖的大家庭，为了增加团支部的团队协作精神，增进支部成员之间的情感，经过成员之间的探讨，共同决定安排多项团日活动和志愿者活动。

支部以打造学习型团组织为发展目标，通过开展各种学习活动，制订发展计划，成立互帮互助学习小组，实现共同学习进步。由学习委员组织开展学习班会，让支部成员制订每个人专属的“青年个人提升计划”，明确一学期、一学年后要达成的目标。同时，将 60 个支部成员划分成 15 个四人学习小组，并将四人的目标分别交换。在平时，学习小组内的成员之间互帮互助，相互学习相互竞赛。一学期、一学年后，考查各组目标的完成情况。

（三）工作成效

“三个一”工作法可以有效帮助新任支委迅速掌握支部日常事务处理的方法和技巧，增加支部内部成员之间的互相交流与互相学习，使得团支部能够良性长效发展，持续发力实现建设目标，充分发挥班委互相监督、周总结会议，以及团支部成员匿名问卷调查这三个行之有效且符合支部情况的运行机制的重要作用，提升团支部决策的科学性和信服力，增强团支部的凝聚力和战斗力。在班委互相监督和周总结会议中，班委队伍高效地探讨解决了许多问题。不定期的团支部成员匿名问卷调查也反映了很多情况，例如，从最开始给班委提建议，到一个月后无建议可提，再到后来对班委工作的表扬与感谢，这样的变化进一步证实了支部已形成行之有效且符合支部情况的班委运行制度。

通过制订发展计划及成立互帮互助学习小组，可以明显感觉到大家的学习热情被点燃，同时在支部内部形成良性竞争的气氛。对于一学期、一学年后考查各组目标的完成情况，班委讨论决定不宜设置奖赏和惩罚机制，现阶段的措施已经能达到带动大家学习的目的，设置奖赏和惩罚机制可能会适得其反，形成恶性竞争，或者容易使小组内部产生矛盾和焦虑。

（四）经验做法

实践出真知，支委的积极探索和认真思考是制定正确有效的制度的决定性因素。班委互相监督、周总结会议，以及团支部成员匿名问卷调查的“三个一”工作法是本团支部当前有效运作、良性推进、长足发展的有效制度保障，也为学习型组织建设，支部活力的提升奠定坚实基础。

自团支部成立以来，先后获得校十佳团日活动荣誉称号、院团日评比优秀奖、团日活动校百佳荣誉称号，以及校五四红旗团支部荣誉称号。部分支部成员获得全国大学生电子设计竞赛国家级二等奖，省级一、二、三等奖，第十届全国数学建模竞赛国家级三等奖，全国大学生机器人大赛 Robot Master 省级三等奖的荣誉。

三、工作感悟

团支部是高校育人工作的最基本单位，推进班团一体化建设是当前高校共青团改革的重要内容，是将立德树人作为中心环节，培养时代新人的必然要求。

本团支部的组织建设有思考、有亮点、有成效，充分展示青年学生的管理智慧，他们能够着眼于支部实际，逐步摸索适合支部特点的管理机制、工作方法和建设目标，充分体现青年学生的主动性、创造性。“三个一”工作法是在两年实际工作中总结而来，实用价值强，可以很好地应用于团支部日常管理中，有效提升支部管理水平和建设水平。

作者：段锦如　福建师范大学 2017 级通信工程团支部

建设有温度、有深度、多维度的“三美”团支部

一、支部简介

福建师范大学协和学院文化产业系2016级汉语言中文第一团支部曾获福建师范大学“五四红旗团支部”“先进文明班级”“百佳团立项活动”，协和学院“五四红旗团支部（标兵）”“十佳团日活动”“十佳团立项活动”“先进班级”等荣誉。三年来，支部结合体系建设、队伍建设和制度建设三大优势，建设有温度、有深度、多维度的“三美”支部。

二、案例解析

（一）案例概述

党旗所指就是团旗所向，福建师范大学协和学院文化产业系2016级汉语言中文第一团支部始终把思想引领和成长服务作为团支部建设的根本点、立足点和着力点。在体系建设上，建设不忘初心跟党走、有温度的红色团支部；在队伍建设上，建设牢记使命勇奋斗、有深度的先锋团支部；在制度建设上，建立理论学习模式，使理论学习常态化。

（二）思路与理念

1. 不忘初心跟党走，建设有温度的红色团支部，培育信仰美

不忘初心，是支部的政治选择，也是支部的人生航向，支部结合专业特色，用实际行动践行初心。开展“十九岁的青春遇见十九大”系列活动，以知识闯关和分组问答等多种大家喜闻乐见的方式，学习新思想，做到理论学习入脑、沁心、拄髓。此外，支部还开展“穿越时空的青春共鸣”系列专题学习会，与党支部书记一起体会英雄先辈们的青春岁月，致敬初心。知行需要合一，支部绘制甲骨文书签、举行汉字书法大赛，在线上开设甲骨文学习专栏，践行初心。以“我们的节日”活动为契机，开展春节、端午、中秋等传统节日特色活动。

2. 牢记使命勇奋斗，建设有深度的先锋团支部，弘扬服务美

支部在队伍建设中，通过“互联互通”形成“帮扶矩阵”和“志愿服务周”。支部通过与教工党支部的合作，设立与专业对接的班导师制，开放师生互动平台，对学生进行专业学习上的指导；并邀请优秀校友回“家”，谈谈“那些年，我遇上的事儿”。开设团支委“开放日”，从群众最关心的事情开始服务。打造以“传统美德我传承”为主题的志愿服务周，与院系青年志愿者协会合作，开展校园绿化、衣物书籍捐赠、组织志愿献血等校园服务活动，还走出校园，与闽江师专附小长期合作，共建国学课堂。

3. 青年担当有作为，建设多维度的活力团支部，践行青春美

“三台三制”服务青年成长，是“三美”支部建设的重要保障。以宿舍为单位，建立党员宿舍责任制，每位党员和1～2名入党积极分子对接一个宿舍，定期排查安全隐患、深入了解同学需求。以“三会一课”为讲台，支部创建团员目标管理制度，召开专题团员目标制定会、定期举行目标执行情况反馈会和总结汇报团员评议会，促进青年团员成长。以“团课”为舞台，建设理论学习常态化制度，通过观看十九大等相关影像资料、手绘主题漫画、上团课、知识竞赛问答等形式，让理论学习“入耳、入脑、入心”，形成“个人日常学、分组周周学、支部月月学”的浓厚学习氛围。

（三）工作成效

1. 聚合两大功能：一是思想引领，通过系列理论学习活动，支部成员更加关注形势与政策，支部的凝聚力得到明显提高；二是能量传递，支部成员用所学知识服务社会，传递青春正能量。

2. 实现两个转变：一是实现活动形式从常规性到创新性的转变；二是实现实践活动周期短暂性到连续性的转变。

3. 完善三种机制：提高责任意识，完善团员教育机制；文化传承创新，完善文化建设机制；加强团员实践锻炼，完善人才培养机制。

（四）经验做法

1. 体系建设上，理论学习在专业实践中落地

在理论学习上积极寻找大家喜闻乐见的方式，通过知识闯关和专题学习会等方式，持续强化教育引导。理论学习需要知行合一，结合专业特色开展实践活动，不断保持和增强政治性、先进性、群众性。

2. 队伍建设上，使命精神在志愿服务中落实

积极与教工党支部合作，开拓帮扶资源，提高内在素质，锤炼过硬本领。开设支委信访日与团员服务周，通过深入群众，了解群众所需，积极开展志愿

服务，扎扎实实帮助群众解决实际问题。

3. 制度建设上，个人成长在担当作为中落细

建立党员宿舍责任制，细化责任；建立团员目标管理制度，细化成长；建立理论学习常态化制度，细化学习，以此服务青年成长。

三、工作感悟

本团支部在团学活动开展中，能够将理论学习与专业知识紧密结合，做好青年学生的思想引领，引导青年学生培育和践行社会主义核心价值观、传承中华优秀传统文化；注重青年团员的队伍建设，完善团支部的制度建设，能紧跟党、团号召，用青年行动传递青春正能量。各活动关联性强、延续性强、可操作性强，具有很强的时代特征且有较强的推广价值。

作者：许婷婷　福建师范大学协和学院文化产业系2016级汉语言中文第一团支部

传承红色基因　强化思想引领

一、支部简介

华侨大学2017级制药工程团支部成立于2017年9月，自成立以来，紧密围绕传承红色基因，发扬优良传统，助力组织建设创新。在思想道德修养，支部学风建设，支部实践活动上，取得可喜的成绩，青年大学习期期全员参与，支部12人次获校院团系统荣誉称号，获得2018年度校级先进团支部和先进班级荣誉称号。

二、案例解析

（一）案例概述

为适应时代发展的潮流，紧跟党的领导和步伐，支部进行创新有效的青年思想引领，不断增强支部对团员的吸引力和凝聚力。使支部成员更加积极参与党团活动，深入思考国际形势等重大问题，主动提升团员意识和自我修养，打造一个充满活力、积极向上的团组织。

（二）思路与理念

1. 传承红色基因，做实做深团组织活动

坚持共青团的初心，“听党话、跟党走”，坚持不懈用红色文化教育影响团员，通过创新团日活动和团课形式在潜移默化的红色渲染中传承红色基因。

2. 发扬优良传统，强化对青年的思想引领

引导广大青年立鸿鹄志、做奋斗者，发扬艰苦奋斗的优良传统，以学风建设和专业科创为抓手，思政教育贯穿全过程。

3. 融入奋斗历程，增强组织的吸引力和凝聚力

结合新中国成立70周年的重要时间节点和重大热点事件，创新支部学习方式，不断增强支部对团员的吸引力和凝聚力。

（三）工作成效

团支部重视以红色文化教育人，团日活动开展方式，从思想、生活、学习等方面关心引导团员，有效提升组织生活质量，使同学们由不情愿参与变得主动积极，改变之前拖沓懒散的作风，积极主动分享自己更深层的想法，青年大学习逐步做到期期全员参与，支部逐步变成一个积极向上、生命力旺盛的整体。

（四）经验做法

1. 传承红色基因，做实做深团组织活动

为了能更深层次了解我国过去的峥嵘岁月，牢记中华民族的奋斗历程，激发团员爱国情感，传承红色基因，支部举办团日活动和团课20余次，参与率达到100%。支部积极开展以“学习红色文化，传承红色基因”的主题团课和团日系列活动，包含红色故事演讲比赛、红色观影之旅、红色文化知识竞赛，荧光夜跑等活动。此外，还有以学习《“习近平同志倡导年轻人要‘自找苦吃’”——习近平在厦门（十三）》精神为契机，结合社会实践经验分享，全员参与到讲团课、学团课中来；学习《习近平的七年知青岁月》团课读后感比赛和分享交流会；组织“青春心向党·建功新时代”主题团日党团知识竞赛竞跑活动，增长知识，锻炼体魄。

2. 发扬优良传统，强化对青年的思想引领

支部开展“一对一帮扶”活动，奖励进步较大的小组；定期开展宿舍学习习近平总结活动和集体自学活动，继承和发扬支部学风，支部开展“学风+”团日活动，活动过程如下：

①“学风+”特色整改举措。根据上学期班级学风建设情况及发现的问题，提出相应整改措施。针对早课迟到现象严重的问题，进行早起打卡活动，相互监督，共同进步。

②“学风+”团支书讲团课。以“团支书讲团课”的形式围绕学风建设开展相关团课，提高支部成员对于学风建设的思想意识，并在课后进行学风建设专题研讨。

③“学风+”争评先进班级+先进团支部。以先进班级和先进团支部评选标准严格要求支部建设，按照标准对标自我，营造团员争先创优的良好风气。

支部采取特色做法提高同学们科创的积极性。请专业老师向支部成员介绍科研项目，进行现场互动，让同学按照自己想法和现有项目进行匹配，分组进实验室先行体验；另外，进行“创想”知识竞赛，涉及科创领域的历史成就知识等。并定期进行专题班会交流。

通过积极正向引领，支部平均绩点和四级通过率居年级前列，课堂出勤率为100%。支部多名成员获国、校、院等奖学金。多支队伍参加各类大型比赛取得优秀的成绩，并有三支队伍成功在大三上学期立项，全班同学进入实验室进行科创，实验率将近90%。以创新方式不断引领团员思想上进，青春奋斗。

3. 融入奋斗历程，增强组织的吸引力和凝聚力

适逢新中国成立70周年，五四运动100周年，澳门回归20周年。把个人前途同祖国命运紧密相连，把团员发展融入祖国奋斗历程，支部开展关于“礼赞七十年，奋进新时代”主题团日活动，创新推出“我和我的祖国”系列学习活动，增强组织的吸引力和凝聚力。

具体学习内容如下：

①“大国风范，不忘初心”——学习习近平新时代中国特色社会主义思想。回顾新中国成立70周年以来取得的重大成就。团员们根据时间节点，对国家大事进行自主演绎，加深对历史事件的理解学习。

②“热爱祖国，积极创新”——五四运动100周年。回顾五四运动的历史，由同学们分享当下的时代青年故事，深入解读新时代的青年们应当担负起的责任和使命。

③“回归热土，共建家园”——澳门回归20周年。回顾香港、澳门与祖国大陆从分离到回归，台湾与大陆重新建立密切联系的历史历程，体会党维护国家主权和领土完整的坚定决心，增强团员们的归属感和凝聚力。

④从大国建设联系到班级建设，针对前期学风督导出现的问题进行总结，提出下一阶段学风建设采取的措施：手机入袋、提前十分钟进教室等要求的惩治措施；提出“一天英文”“图书馆打卡”活动等。

三、工作感悟

本团支部以团员为中心，紧密围绕服务团员发展，紧扣红色文化主线，以红色文化教育影响支部团员，结合青年团员实际发扬艰苦奋斗的优良传统，创新组织建设质量提升。

组织建设活动充满新意，其形式和内容都切合大学生实际，贴近大学生生活，牢牢抓住工科大学生团员的两大任务——“学风建设”和“专业科创”、创新性地开展班级团员喜闻乐见的团课和团日活动，大大彰显了团组织的吸引力和凝聚力，有效地提升了青年团员的自我修养和加强团员意识，形成积极向上的良好风气，正向引领支部团员快乐成长，使支部团员面貌焕然一新。组织

建设创新形式，结合大学生当下实际，紧密围绕青年团员发展的中心任务，比如“学风+”主题团日活动、“我和我的祖国”系列学习活动，具有很强的思想贯穿引领主线，又不失活动趣味性和吸引力，令人颇受启发，具有较大的推广价值。

作者：辛蕾　华侨大学2017级制药工程团支部

时代思想入人心　当代青年展风采

一、支部简介

华侨大学经济与金融学院 2017 级国际经济与贸易 1 班团支部共有成员 57 人，团支部在 2018—2019 年度共开展团的活动 15 次，团支部会议 10 次，团课 4 次，并获“五星级团支部”荣誉称号。

二、案例解析

（一）案例概述

为规范团支部建设，增强团支部凝聚力、号召力，团支部在团支委会组成、团建活动的策划、团支部日常工作等方面都进行了积极的创新。

1. “三会两制一课”。积极开展会议，每学期至少召开 6 次工作讨论会。对于会议的形式与内容都进行创新，促进讨论，提高会议效率。

2. 团建活动。第一步收集团支部成员意见；第二步则开展支委会讨论决定团建活动的形式。团支部每学年会组织 6 次以上团建活动，活动规模或大或小，做到形式多样化，内容丰富化，极大地拉近团支部成员们的距离。

3. 新媒体平台的团支部文化建设。团支部在微信、微博等平台都创建了自己的公众号和账号，并实时在公众号上更新团支部的情况，如团支部所获得的成就、团支部成员们的动向等。

（二）思路理念

习近平总书记强调，扩大团的工作有效覆盖面，关键是要把工作延伸到广大青年最需要的地方去，使团组织成为联系和服务青年的坚强堡垒，成为广大青年遇到困难时想得起、找得到、靠得住的力量。

1. 增强团支部核心力量

为了更好地建设团支部，将团支委会成员与班委团队相结合，推进“班团一体化”，增强策划及组织团支部建设的核心力量，提高工作效率。

2. “三会两制一课”形式与内容的转变

团支委会和团小组会议将更注重开会时的效率，每位支委会成员轮流表述，表述结束后，进行集体讨论整合，最大限度地发挥各个活动的优势。

团员大会则注重团支部成员的交流，以传递新思想、增强团支部凝聚力为主，鼓励大家积极参与团员大会，每次团员大会的出席率均达 100%。

3. 团建活动的丰富性

团支部在组织团建活动时增加活动形式的新奇性、主题的多样性，增强成员们活动中的参与感，例如，在海边烧烤，打排球，在操场做游戏，一起看电影等。团建能更好地增强凝聚力，提升集体荣誉感。

此次准备优秀班级评选，在上完课后，所有成员参与拍摄视频，大家都以集体荣誉为先，扛着摄像机到处跑，在太阳底下排练，拍摄。回忆进入大学以来有趣的点、温暖的点，积极为汇报视频、汇报 ppt 提供素材与想法。由于时间的紧迫，大家都接连开会制作视频、制作 ppt 、排练等，大家都带着饱满的热情，拧成一股绳为集体争取荣誉。最后汇报受到学院老师以及同学们的一致肯定，在最终评选中获得第一名的好成绩。

除了形式上创新，内容上选择更加贴近同学们平时关注的热点时事，例如，在国庆时，组织团支部成员们观看阅兵，组织讨论会等。

4. 团支部文化建设的先进性

在这个新时代中，网络是大家的日常，在这个背景下微信公众号、微博等新媒体平台则为大家提供了一个极佳的交流平台，能更有效地拉近成员们之间的联系，促进成员们之间的交流。

尤其是在每位成员生日的时候，会在各新媒体平台推出具有成员个人特色的文章，所有成员都积极转发评论，送上自己的祝福，无一落下。57 位团员，每年有 57 篇文章，拥有较大的转发量，每位成员从中感受到的是无尽的温暖，正是这小小的举动将团支部的每位成员紧紧联系在一起。

（三）工作成效

1. 增强团支部核心力量后，对于团支部的建设与管理更加事半功倍，在组织策划时创意层出不穷，活动开展时做到井井有条。

2. 会议形式的转变极大地提高了工作效率。每个会议都能在较短的时间内得出大家都满意的方案，并能很快地分工执行。

3. 团支部组织的团建活动获得团支部成员们的好评，极大地增强团支部的凝聚力、集体感。

4. 团支部获“校级先进团支部”的荣誉。

（四）经验做法

在进行团支部建设时首先要多考虑形式上的创新，可多结合同学们平时较多关注的热点时事进行活动，进行形式上的结合或内容上的转换，尽量地吸引同学们的注意力，增加新鲜感。

其次可考虑增强同学们对活动的参与度。将团支部建设时要传达的内容融合在一个个小的环节中，让同学们在参与的过程中不知不觉地接受，这样的方式会减少同学们的困倦程度，增强大家的参与动力。

最主要的是团的工作要积极适应时代发展和青年变化，贴近生活，增强共青团工作的主动性和创造性，才能使思想引导真正入脑入心。

三、工作感悟

团支部推进“班团”一体化，提高工作效率；转变“三会一课”的形势和内容，最大限度发挥各位团支委会成员的优势，注重团支部成员的交流，以传递新思想、增强团支部凝聚力为主；并将“新媒体”实施与传统模式相结合，建立以微信公众号、微博、微信小程序为主要方式的交流平台，力争使互联网成为思想引领的新媒体、组织动员的新途径、服务广大团员青年的新工具、开展工作的新平台，是为数不多的线上线下共同联动的团支部之一。团支部广泛开展形式多样的主题团日活动，培养团员的认同感和归属感，增强团支部的凝聚力和战斗力；灵活进行机构设置与结合，有机地将团支委会成员和班委团队结合。

团支部的组织建设良好，能够更好地促进团支部的工作和活动开展。特别是在互联网时代，将新媒体结合到团支部活动中，能更好地推进团支部的宣传和交流。在发展方向上可进一步激发支部活力，多进行实践锻炼，以“支部 +”的思路更好地拓展支部 + 素质拓展、支部 + 社会实践、支部 + 志愿服务等形式加强团支部的凝聚力，紧跟新时代。

作者：苏炳燕　华侨大学经济与金融学院 2017 级国际经济与贸易 1 班团支部

精心打造“三型”团支部　奋力谱写青春新篇章

一、支部简介

福建农林大学计算机与信息学院“e 修哥”团支部，是一个五星级团支部，团支部着力加强团的基层组织建设，增强团组织活力，提高青年团员的培养质量。“e 修哥”团支部为师生和社区居民义务维修电脑、宣传理论知识、支教活动、定期开展“e 修哥”进社区维修活动、“e 修哥”红色小课堂、“三下乡”等活动，得到社会肯定。

二、案例解析

（一）案例概述

福建农林大学计算机与信息学院“e 修哥”团支部以习近平新时代中国特色社会主义思想为统领，将团支部建立在社团上，以创建学习型、创新型和服务型“三型”团支部为努力方向，激发青年团员的思想活力，增强青年团员创业创新意识，凝心聚力建成紧跟党走、理想坚定、奋发进取、根植青年的团支部。

（二）思路与理念

1. 着力思想引领，高扬思想政治主旋律

“e 修哥”团支部深入学习宣传贯彻习近平新时代中国特色社会主义思想和党的十九大精神，帮助广大青年团员深刻理解当代中国马克思主义的丰富内涵、精神实质和实践要求，团支部结合时政热点，多次组织开展爱国主义教育、廉洁教育、文明礼仪教育、诚信教育等社会主义核心价值观主题教育。组织团支部成员开展纪念改革开放 40 周年专题学习、观看马克思 200 周年诞辰大会上讲话、“一二・九”大合唱、团十八大成果展、“青年大学习”主题网页设计大赛、“学深悟透十九大，博学修身农林人”创意时事评论大赛、“学习新思想，牢记新使命，展现新作为”主题征文活动等形式多样的团日活动，高扬团支部思想政治主旋律。

2. 增强组织活力，提升团建科学化水平

“e 修哥”团支部大力开展践行“学习近平总书记讲话·做合格共青团员”教育实践活动，严肃团内组织生活，落实“三会两制一课”要求，规范基础团务。团支部不断健全完善团员推优制度，积极做好团员青年的推优工作，把青年团员培养成为优秀志愿者，把优秀志愿者培养成为党员，为党组织输送新鲜血液。

让学生社团发挥出思想政治教育、专业特色实践、弘扬志愿精神和浓厚校园文化等功能，把团支部建在最活跃的细胞上，推动团支部活动的“两个转型”，解决团组织工作方法简单、活动内容单调、缺乏有效的载体和抓手等问题。此外，“e 修哥”团支部积极探索创新型工作模式，依托学院计算机专业和统计学专业学科优势，整合信息数据和服务资源，建立开放、共享、互助的团员志愿服务网络，推动团支部成员积极承接团内重点工作，促进协同配合、优势互补，激发组织体系的内生活力。“e 修哥”团支部将不断提升团建科学化水平，努力打造一支科学创新型团支部队伍。

3. 创新工作模式，打造志愿品牌服务

“e 修哥”团支部牢记党“全心全意为人民服务”的根本宗旨，发扬“e 修无止境，服务千万家”的精神，丰富“e 修哥”志愿文化内涵向团组织纵深。

团支部在开展志愿服务活动中有效解决服务信息零星化、服务组织松散化、服务活动碎片化、服务方式被动化等问题，以建立科学评价机制，推进团支部工作制度化、专业化、时代化，推动学校教育特色发展，更好地实现志愿服务的动态管理，进一步提高服务的满意度。团支部以问题为导向，按照“拓宽专业、培养能力、办出特色”的服务原则，组织各类科技科普活动包括电子制作、网页设计、科普知识教学等活动十余场。团员在支部活动中能够更好地学习专业知识，持续调动基层团员的积极性、主动性、创造性，实现专业实践教育功能。

团支部注重实践培养模式，积极组织参与寒暑假“三下乡”社会实践活动，先后赴宁德、南平、三明、福州、莆田、龙岩、漳州南靖等多地开展活动，不断增强青年团员的实践能力，积累宝贵的实践经验。青年团员在社会实践中逐步增强团支部的凝聚力，让理论素养成为看家本领，让志愿服务成为鲜明特点，让自信自强成为青春底色，团支部成员在一次次的志愿服务中不断提升自我，展现青年团员朝气蓬勃、敢于担当的精神风貌。

（三）工作成效

回顾过去的五年，“e 修哥”团支部取得可喜的成绩。团支部成员共同解决电脑故障问题 2000 多起，义务维修时长达到 20000 多个小时，电脑维修成功率高达 98%，团队服务效率高、数量多，得到社会认可，荣获“福建省五四红旗团支部”“福建农林大学青年五四奖章”称号，被团省委评为“福建省三下乡社会实践优秀服务团队”，连续三年获得校优秀志愿者团队等殊荣。团支部定期围绕社区、学校举办的“e 修哥”巡回维修活动、社区志愿服务、“三下乡”等品牌活动皆获得校内外人士的高度认可，省教育厅、东南网、福建省志愿者网等媒体相继宣传“e 修哥”开展社区义务维修、关爱孤寡老人等活动。

（四）经验做法

“e 修哥”团支部以“青年大学习”为主要阵地，开展团课、青马班及基本技能培训等，邀请学院院长、党委书记为支部团员做专题讲座，通过培训让支部团员拓宽思路，增进交流，加强团员的党性修养。

“e 修哥”团支部打造“互联网 + 团建”宣传阵地，筑牢高校思想文化主阵地。团支部现有“dafu 计信院 e 修哥”微信公众号、微博、官方 QQ 等新媒体平台并不断发展建设，当前微信公众号已发布推文 82 篇，微博平台共发表 420 条微博，拥有粉丝 3000 余人，累计服务师生达 5000 余人。团支部针对“95 后”大学生特点设计出“e 修哥”卡通形象，在党的十九大、马克思 200 周年诞辰、团的第十八次全国代表大会、建国 70 周年、党的第十九届四中全会等重要时间节点，运用情景视频、音频、H5 等媒介生动宣传习近平新时代中国特色社会主义思想，深受广大学生喜爱。

“e 修哥”团支部积极组织动员青年团员投身社会实践，在社会各界的广泛关注和帮助下，创新型团支部初具成效，也被中青网、东南网等多家主流媒体关注报道。

作者：王晓　福建农林大学计算机与信息学院“e 修哥”团支部

忆往昔峥嵘岁月　看明朝砥砺前行

一、支部简介

福建农林大学2016级食品质量与安全（2）班团支部是一个拥有32名同学的温馨大家庭。自入学起就建立起团结和谐、积极进取的良好氛围。在院团委的带领下，团支部团结一致，本着奋发拼搏、积极向上的精神，形成极强的班级凝聚力、优良的学习风气与良性的相互竞争。自入学以来，团支部的同学在学习、生活各方面都取得很大的进步，获得校先进集体荣誉称号。

二、案例解析

（一）案例概述

结合专业特点，团支部从实验创新和组织建设两方面齐头并进，通过开展团支部组织建设活动和学风建设活动来贯彻习近平新时代中国特色社会主义思想。

（二）思路与理念

在团支部建设方面上，以增强团队的凝聚力、锻炼团干部的组织领导能力为核心，带领支部成员积极上进，实现实验创新和组织建设两手抓。在这样的管理建设下，支部成员间互相帮助，积极进取，将学习与生活相结合，实验不再是苦中作乐而是劳逸结合，取得更好的实验成果。

（三）工作成效

团支部有许多优秀的同学。每个人都有特点，每个人都能散发出青春的光芒，照亮前行的步伐。在2018年福建省互联网创新创业大赛中，获得一等奖队伍一支；在省第五届食品工业协会食品安全宣传大赛中，获二等奖、三等奖同学共15人；在省第五届“沙县小吃杯”创新创业大赛中，获一、二、三等奖同学共计27人；参加全国互联网创新创业大赛2人；多名同学参加省级志愿服务并获得“优秀志愿者”称号。

（四）经验做法

1. 团支部组织建设

结合专业特点，团支部组织实验室管理人员和支部精诚合作，组织一系列实验室团支部活动，取得很大的成功，增强同学们在实验室的凝聚力，锻炼团支部干部，使支部成员自身素质得到全方位提高，赢得老师和同学们的一致肯定。

2. 学风建设

在管理层和团支部的带动下，团支部形成一种互帮互助的学习氛围。正是在这样的环境下，同学们都十分优秀，获得多项奖项。

3. 积极组织参与各类竞赛及培训

4. 支部多彩的活动

在这精彩的学习生活中，活动肯定是必不可少的，陶冶同学们的情操。具体开展以下活动。

（1）携手食品，传递爱心。团支部利用专业特色在福利院开展“携手食品，传递爱心”活动。同学们带上具有专业特色的食品来到福利院，向小朋友们展示各种食材并教给他们一些简单易懂的知识，教他们膳食营养均衡，做到不挑食。此外还教他们如何辨识食材的新鲜程度、是否成熟等，并且寓教于乐，陪孩子们玩耍，给孩子们带来欢乐。

（2）打造生态园。为践行绿色发展理念，团支部同学打造“迷你生态园”，该菜园有生态环保的特点，以绿色健康为主题打造生态菜园，同学们亲自体验播种、施肥、采摘，受益匪浅。将上课学习的知识充分应用在实践中，生态文明建设是可持续发展的关键，此次活动增强同学们节约资源、保护环境、关注农产品安全的意识。

（3）开展义务家教。团支部走进台江区六小的社区辅导站，联合台江区鲲鹏青少年事务活动中心，为在外务工人员的子女义务辅导功课。在课余时还和这些小朋友们进行交谈，了解他们的生活近况，关注他们的心理健康，尽绵薄之力开导帮助他们。同学们纷纷表示：通过辅导这些在外务工人员的子女，认识到现在还有许许多多的困难群体需要同学们去帮助，这也是支部成员们响应十九大的号召，是身处先锋岗位应该做的事情。

（4）积极组织参与各类比赛和社会实践。团支部鼓励同学们参加各项食品创新创意大赛，提高同学们对课本内容的理解和动手能力。对有需要帮助组队的同学，给予支持，联系老师和学长学姐等。鼓励并帮助同学们参加暑期各个食品工厂的参观及实习，使同学们将课本知识融会贯通，对生活中的相关知识更加熟悉。

（5）运营公众号。为了让同学们和社会上更多的人能更加了解关于食品安全的新闻及食品安全的科普知识，团支部注册微信公众号，以宿舍为单位，每周三次定期在微信公众平台发布信息，锻炼同学们的新媒体运营能力和宣传能力，将所学的知识用更多有趣的图片和文字传授给更多人。

在过去组织的各项工作，支部有成功的地方，也有不足的地方。为此，支部将在今后主要改善以下工作：继续开展党的思想、方针学习活动，但团支部将在持续活动的严肃性上做一些形式上的创新，并结合班级实际展开议题；在团支部生活方面，思考形式上与班会相结合，资料上更注重了解同学的思想和心声，对班级的问题展开讨论，征集同学意见；开展更多活动增强实验室的学术氛围；计划发动团干部更多地深入同学当中，了解他们的学习、生活方面的状况，及时反映问题，并与相对较沉默的同学更多地谈心，尽最大努力使其能融入班集体，提高自身的社会交际能力；多组织和参与一些社会活动，让团支部更加活跃、精彩！

三、工作感悟

本团支部积极开展各类与专业相关的活动，一定程度上解决支部成员自我发展能力薄弱、支部运行模式与团员成长相矛盾、支部活动内容与团员发展目标和成长要求相脱节等一系列瓶颈性问题，创新性强，取得显著效果。一方面锻炼了学生的专业知识；另一方面推动了支部团员的成长。取得成效的根本在于：一是专业知识与团活动相结合，把握大学生就业创业的核心需求；二是善于利用新媒体平台，利于推广相关知识；三是动手实践，将课本内的知识从实践中再感悟，比较科学地实现组织活动的灵活性。

该案例的推广，将有助于各个基层支部将自己的优势与团的活动相结合，从实践中感受真知。各支部成员在课余时间使用另一方式将所学知识进行实践，加强对知识的认知，对深入理解知识有着重要作用。

作者：赖秀琳　福建农林大学2016级食品质量与安全（2）班团支部

依托“五微”模式，打造学习分享型团支部

一、支部简介

集美大学光电1812团支部自成立以来，支部依托“五微”模式，实现“四个结合”，先后举办“青春心向党　建功新时代”故事分享会等一系列主题活动，荣获“2018年五星团支部”“2019年五星团支部”“理学院活力团支部第一名”等荣誉称号。同时，支部团员成绩优异，获奖学金比例全专业最高。

二、案例解析

（一）案例概述

光电1812团支部自成立以来，依托“五微”模式，实现“四个结合”，将较传统的理论知识、党章党史的学习和较新颖有趣的团日活动形式相结合，将团支部建设与班风学风建设相结合，将理论学习与实践拓展相结合，将线下时空有限的活动与线上强大的网络新媒体手段相结合，通过一年多的实践探索，实现学习团队搭建、活动品牌创立、分享渠道畅通，实现全员覆盖的良好支部氛围和工作模式，成功打造学习分享型团支部。

（二）思路与理念

光电1812团支部充分结合“嘉庚精神、诚毅校训”等校本文化，抓住重大节日契机，立足新时代新思想，以“五微”模式打造学习型团支部。“五微”模式围绕“微小组”“微沙龙”“微分享”“微传播”“微实践”展开。

“微小组”，搭团队、造氛围：通过创建学习小组、开设“小课堂”、创立学习打卡群，旨在营造支部浓厚的专业学习和青年大学习的氛围，促进支部成员间的互帮互助，实现共同进步。

“微沙龙”，创活动、立品牌：通过将文化沙龙与团日活动相结合，创新团日活动的形式，旨在营造“家”的氛围。

“微分享”，促交流、增互助：借助“纸条分享”微信小程序打造多个主题

分享平台，打通同学之间、师生之间交流分享的屏障。

“微传播”，扬正气、树表率：通过线上线下相结合，引导支部团员以小见大，借助网络新媒体等积极传播正能量。

“微实践”，重实践、长才干：通过主题团日活动、“三下乡”暑期社会实践活动、志愿服务等，在实践中引导支部团员理解理论、扎实专业、增长才干。

（三）工作成效

支部严格落实“三会两制一课”，做到内容形式丰富多样，智慧团建系统录入及时、完整。2018 年至今合计发起团日活动 28 次、团小组会 8 次、团组委会 8 次、团员大会 8 次、团课 8 次，成员参与率高达 90% 以上。其中，纪念五四百年主题团日活动作为学院示范团日活动，直播观看转发点赞人数总计达千余人。功夫不负有心人，光电 1812 团支部荣获“2018 年五星团支部”“2019 年五星团支部”的称号。

除了团日活动，2019 年暑假，支部成员积极参与暑期“三下乡”社会实践活动，支部成员参与率达 80%，其中 4 支参与队伍获校级重点立项。此外，志愿汇志愿者注册率达 100%，团员积极参与志愿实践服务活动，真正实现全员实践。

（四）经验做法

依托“五微”模式，倾情打造学习分享型的活力团支部。

1. “微小组”——以力争上游之初心，筑王牌光电之根骨

以学习小组、“光电小课堂”为主，以签到制度为辅，支部学习氛围日渐浓厚。多次组织优秀的同学考前干货分享和“专业课小课堂”，充分调动团员积极性和荣誉感。

2. “微沙龙”——以亦团亦家之情怀，塑红旗支部之风貌

支部自建成以来坚持开展“中秋邀月，花好月圆人团圆”等品牌文化沙龙，结合焦点新闻、热点现象、学习生活等，联系各成员心得感悟、所思所想，给大家呈现一场视听盛宴。

3. “微分享”——以学习分享之博爱，营互帮互助之氛围

支部成员与专业老师借助“纸条分享”这一微信小程序，以匿名的方式将学习难点重点分享探讨，班委们还会定期在学习打卡群里分享本专业的前沿动态，为支部成员未来的学习和就业提供很好的方向。

4. “微传播”——以向上向善之品质，传阳光积极之能量

支部常在重大节日点进行路人街访活动，传播弘扬正能量，展现大学生积极向上的良好形象。支部成员将街访内容照片整理记录，制成展览板于宿舍及

食堂展示。

5. “微实践”——以实践育人之华魄，造卓越个体之丰魂

支部开展“青春心向党建功新时代”纪念五四运动100周年特别主题团日、“祖国我想对你说”庆祝建国70周年团日、故事分享会等一系列形式新颖、内容充实、参与度高、反响热烈的主题团日活动，结合暑期社会实践、志愿服务活动等，开展立项，号召团员“投身实践，人人参与”，深入基层，理论联系实践，将专业运用到为社会、为人民的需求服务，真正做到知行合一，培养团员优秀的品质和才干。

三、工作感悟

本团支部积极探索“五微”模式，打造学习分享型团支部。力求从小处着眼，通过“四个结合”，创新学习方式、从大处着眼、小处着手，以小见大、小处见实效，增强团员意识。依托网络等新媒体技术，采用学生喜闻乐见的形式，搭建学生乐于参与的平台，构建“课堂—实践—网络”的立体育人格局，将理论教育与实践体验有机结合。着力以社会主义核心价值观落地生根为工作指向，旨在通过“五微”活动，培养大学生对社会主义核心价值观的知行合一，即在认识上理解，在思想上认同，在行为上践行。

团支部探索的“五微”模式是从学生的需求和特点出发，互动性、参与性好；从小处着手，可操作性强，易于推广复制；通过“五微”模式，能有力促进团支部组织规范化建设和主题教育活动的实效性，能有效地增强团员意识。

另外，我们也从以上的工作中为团支部建设和发展提出三点思考建议：

一是学会从零开始：基层团支部建设要从入学就开始着手，新生班级可塑性强、积极性和活跃性高，有利于基层团建工作的推进。且在新生班级夯实基层团建工作，也有利于优良班风、学风的形成。

二是应当从小处着手：基层团支部的活动开展要从小处着手，要与青年学生的学习、生活紧密联系，注重学习教育和活动开展的实效，切忌“假大空”“走过场”。

三是必须加强指导：院级团委要加强对基层团支部工作的指导，通过支部立项、活力团支部创建、党建带团建、评优创先等工作，加强全程引导，加强党团共建、加强师生交流，树立示范团支部、品牌活动，发挥典型带动作用。

作者：王婧臻　集美大学光电1812团支部

移动国土上的“育德”轮海上流动团支部

一、支部简介

从2017年开始，集美大学航海学院结合航海专业特色在目前全球最大的教学实习船“育德”轮上建立“育德”轮海上流动团支部，启动移动国土上大学生团建工作实践活动。“育德”轮海上流动团支部是创新校基层团组织建设，提升团支部组织活力的一次有益的尝试。

二、案例解析

（一）案例概述

驰骋于广阔海域的集美大学教学实习船和科考船上的国旗飘扬，被师生们称为“移动的国土”。2017年，教学实习船“育德”轮上，“育德”轮海上流动团支部成立了，在航海专业海上实习中，启动移动国土上大学生育人的生动实践。“育德”轮海上流动团支部形成以嘉庚精神为载体的爱国主义教育模式，与专业教育相结合的校园文化体系，以航海文化为特色的榜样典型引领机制，以涵育核心价值观为重点的课程思政建设体制，打破时间空间的限制，实现哪里有团员青年，哪里就有团组织。

（二）思路与理念

随着我国高等教育的深入发展，传统的团的组织设置模式比较落后、内在动力不足，组织运作落后于新时期高校团建工作发展的要求，已经不能满足青年学生成长成才的需求与期待。因此，开展“育德”轮海上流动团支部的实践与探索，将团建工作引入学生教学实习的过程，实践新的团建工作模式，对于发挥共青团工作思想、实践、创新、服务育人的特点具有重要意义。

（三）工作成效

1. 打造海上集大育人新模式

“育德”轮海上流动团支部以习近平新时代中国特色社会主义思想为指导，

以深入学习贯彻党的十九大精神为宗旨，以培育和践行社会主义核心价值观为引领，以加强半军事化管理和弘扬航海文化为抓手，不断构建和完善团支部体系、创新活动开展形式，在团员思想引导、支部建设、素质拓展、权益维护和成长服务中做出更多更好的尝试，将海上流动团支部这一团的基层组织，建设成为贯彻习近平新时代中国特色社会主义思想的组织者、推动者和实践者。

2. 凸显航海专业特色创成效

共青团福建团省委主管刊物《创业天下》总第138期品德专栏刊登“育德”轮：集美大学航海学院“育德”轮海上流动团支部的相关报道，团中央、中国青年报、福建共青团、福建省教育厅官网等新闻媒体多次采访和报道“育德”轮海上流动团支部系列活动和成效，受到社会各界的广泛赞誉。截至目前，“育德”轮海上流动团支部已经获得“全国五四红旗团支部”“全国活力团支部”“国家级大学生校外实践教育基地”“福建省五四红旗团支部”等多项荣誉。

（四）经验做法

通过在实施过程中的多次调整与优化，“育德”轮海上流动团支部已逐步形成坚持“三抓四建”的海上集大育人新模式。“三抓”即抓主题，抓特色，抓规定动作。“四建”即建设具有“思想育人、实践育人、文化育人、组织育人”四大育人平台。

1. 抓主题

抓主题是根据不同的时间节点，紧紧围绕深入学习习近平新时代中国特色社会主义思想、学习十九大精神、海洋强国战略、百年校庆等主题来开展教育活动，根据不同的活动主题在“育德”轮上开展“育德轮海上流动团支部学习习近平新时代中国特色社会主义思想交流会 ”“育德轮海上流动团支部学习全国两会精神座谈会”“海洋强国的坚强后盾”专题讲座等主题活动，活动过程“育德”轮政委和船长全程参加活动，现身说法，为青年学生树立榜样。

2. 抓特色

抓特色是抓在移动的国土建立海上流动团支部的特色、抓学习嘉庚精神特色和抓航海技术专业特色。例如，在五四青年节时，举行重温入团誓词活动；国庆节时，举行隆重的升国旗仪式。移动团支部抓住这些重要的时间节点开展仪式教育，加强团员青年的思想政治教育，坚定团员理想信念，从而汇聚起爱国、励志、求真、力行的磅礴力量。

3. 抓规定动作

抓规定动作，具体为抓“五个一”规定动作：重温一遍入团誓词、精读团章一个章节、学习一篇领导同志重要讲话、回顾一篇马列主义经典文章、研读一份团内重要文件，这“五个一”规定动作已经成为“育德”轮海上流动团支部每个团员自觉参与和完成的规定动作，并已经影响推广到学院所有团支部。

4. 建四大育人平台

“四建”即建设具有“思想育人、实践育人、文化育人、组织育人”四大育人平台，“育德”轮海上流动团支部已经逐步把远洋实习船打造成移动的共青团教育海上实践基地，使航海类专业学生的思想政治工作贯穿教学实习过程的始终，提高育人实效。

建“思想育人”平台，不断加强对团员青年的思想引领和价值引领。

建“实践育人”平台，不断促进团员青年的素质提升和全面发展。

建“文化育人”平台，不断弘扬主旋律和传播正能量。

建“组织育人”平台，不断提升团学组织的吸引力和凝聚力。

三、工作感悟

在教学实习船“育德”轮上建立海上流动团支部，启动移动国土上大学生团建工作实践活动是创新基层团组织建设的一次有效的尝试，海上流动团支部的建设有效地打破时间空间的限制，做到哪里有团员，哪里就有团组织，有效地保护“三会两制一课”不间断，思想教育工作全程不断线。

经过两年多的努力探索，“育德”轮海上流动团支部系列主题教育活动取得明显成效，在基层团建、育人模式、方法载体等方面具有一定的推广应用价值和示范引领价值。

借助“育德”轮海上流动团支部开展系列主题教育活动，实现团组织的新覆盖，也是组织建设创新的形式之一。本团支部以海上流动团支部为依托，充分发挥团组织的凝聚力和动员力，带动并影响一批团员青年为投身海洋强国建设贡献力量。经过两年的实践，流动团支部建设已经初见成效，接下来，应紧跟青年学生特点，进一步完善活动内容，使团员青年在远洋船实习过程中“思想得到提升、眼界得到开阔、技能得到提高、能力得到锻炼”。

作者：陈自发　集美大学航海学院“育德”轮海上流动团支部

聚焦医学专业特色　构建新时代团支部

一、支部简介

福建医科大学临床医学部2018级临床医学第七团支部及从成立到现在举办“了解共青团”的团日活动；“从五四运动到文化自信”讲座；“一周年纪念”活动以及团课学习等一系列活动。

二、案例解析

（一）案例概述

1. 团支部经常性组织开展专题学习，采用分小组形式进行，组织开展了学习习近平新时代中国特色社会主义思想专题学习以及“纪念新中国成立70周年”的系统学习，团支部组织开展以“70周年中国农村的变化”“70周年来中国城市的变化”等为主题的小组会。

2. 团支部在新媒体平台——官方QQ上开展关于团支部文化以及学风建设的宣传，推出如节日和节气的宣传，生日祝福以及班级中体育赛事的预告等特色栏目。

3. 在推进“班团一体化”这个进程中，团支部结合自身班级特点以及时间节点的特殊性，在大一学年，于开学初举办主题为“了解共青团”的团日活动，让支部的同学在了解共青团的同时也可以增进彼此的了解和认识，以及在这个学期开学初，团支部举办以“遇见一周年”为主题的团日活动以及开展学习经验交流会。

（二）思路与理念

1. 在小组会展开这个方面上，团支部希望小组成员们可以了解当今社会的一些动态和热点新闻、时事，讨论的主题会结合当下的一些热点话题，并让大家在小组会中讨论和分享各自的见解，带动大家在平时生活中看到问题并且认真地去思考，团支部还采用组与组之间互相合作的方式，这样不仅集思广益，而且还增进组与组之间的情感交流，促进组员与组员之间的沟通。

2. 团支部在新媒体平台主要以官方 QQ 宣传为主，除了宣传支部活动，还额外增加节日和节气的宣传以及生日祝福两个栏目。节日和节气的宣传可以更好地让大家了解中国的传统节日以及二十四节气的相关信息。生日祝福则可以让同学们了解到班级同学的生日情况，增进团员们之间的情感，有利于团支部凝聚力建设。

3. 团支部注重特色团日活动开展如“了解艺青团”“遇见一周年”等活动外，团支部还开展学习经验交流会，发掘班上一些学习成绩好的同学分享在平时生活中的学习经验，帮助班上的同学更好地学习以及共同进步。

（三）工作成效

在小组会活动展开中，小组成员们都加深自己对社会动态的了解，以及对社会热点的有效思考，与此同时还增强组员间的联系。

新媒体平台官方 QQ 上的宣传让大家更好地了解团支部活动，记录团支部大大小小的一些活动，同时对节气以及节日的宣传，让大家更好地了解中国的一些传统文化，也加深支部成员对这些方面的知识的印象。这种宣传方式恰如其分地填补同学们关于传统文化知识的漏洞，对同学们文化素养的提高取得有着显著成效。

“班团一体化”在开展团工作的同时也增进支部成员们的一些交流，线下的一些活动也可以让大家聚在一起近距离地进行交流，而不是单纯的局限在线上的交流，以及开展学习经验交流会帮助大家更好地相互借鉴，在学习方面可以有更大的进步。

（四）经验做法

在小组会的选题上可以结合当今时下的热点，开展了小组内的讨论还可以采用小组间讨论等多种方式开展。

在新媒体平台上的宣传除了一些团的活动之外还可以增加一些其他创新栏目，在这之前可以先收集相关资料，如生日祝福可以先收集班上同学的生日情况等。

而在开展班团活动时，团支部需要考虑班上的实际情况，这样更有纪念意义与实际价值，如“了解共青团”以及“遇见一周年”等活动都需要结合班上的实际情况开展，了解班级的需求以及班级的状况来开展；如开展经验交流会则可以更好地满足班上同学的需求，而以上的这些活动都可以更好地增强团支部的凝聚力和号召力。

三、工作感悟

本团支部积极落实“智慧团建”系统及“三会两制一课”，组织召开主题小组会，依托系统开展“青年大学习”活动，学习贯彻习近平新时代中国特色社会主义思想，弘扬社会主义核心价值观；创新新媒体平台上团支部活动的开展方式与宣传形式，同时推进“班团一体化”并开展系列团学活动，通过线上、线下双渠道的沟通与交流，加强支部内团员的联系。

在进行组织建设过程中，团支部结合时事热点召开小组会或专题讨论会，注重互动时效性，并根据班级特点，开展相应基础团务工作，增强支部凝聚力，增进团员们之间的感情，加深同学们对共青团的了解。

作者：吴宇　福建医科大学临床医学部2018级临床医学第七团支部

“一核五维”育人模式的实践与探索

一、支部简介

福建中医药大学护理学院2016级四班团支部，现有成员48名。团支部坚持“一核五维”的原则，即以“正本清源、守正创新”为引领，形成思想、实践、文化、网络、发展五个维度的思想政治教育新模式，举办15次主题团日活动，32次团课，16次三会，2场主题演讲比赛，探索思想理论教育与中医护理专业实践教育的协同作用，带领且参加109次志愿者活动，志愿总时长达300+小时。

二、案例解析

（一）案例概述

团支部“一核五维”育人模式以“正本清源、守正创新”为引领，通过“思想、实践、文化、网络、发展”五个维度齐头并进，以全域化的理念抓团建，以创新的思维求突破，依托中西医结合护理学科团队资源，积极探索思想理论教育与专业实践教育的协同作用，加强中医药护理人才队伍建设，促进中医药传承与开放创新发展。

（二）思路与理念

1. 创新教育模式，坚持思想育人

团支部利用学生主体，首创学生朋辈思政教育平台，运用“三入”模式，入课堂、入班会、入宿舍进行翻转课堂式思政宣讲，优化“课堂与实地双线结合、线上线下双线互动”的立体化培训模式，支部成员带头成立护理学院习近平新时代中国特色社会主义思想读书社，为新时期团员思想政治水平综合提升提供有力支撑。

2. 强化机制建设，坚持实践育人

支部成员利用自身中医护理知识优势，结合健康教育课的专业特色，开展义诊、送关怀等多样性的教学实践，寒暑假“三下乡”等社会实践活动，以“中医护理进校园，健康宣教传四方”为主题，推动逐渐形成预防性健康宣教的“医院—社区”和普及型健康宣教的“小学—中学—大学”的全区域健康宣教场所，赴福州市3家医院、4家社区和福利机构、8所高校开展社区服务类、医院义工类、支教宣讲类、时事热点类及校园活动类志愿活动。

3. 弘扬核心价值，坚持文化育人

团支部将“立德树人”常态化，构建支部成员创新成才氛围，鼓励支部成员成立科研小组，邀请学院专家指导。带头开展创新创业宣讲会，邀请创业公司进行相关指导，为青年学生答疑解惑。利用研究生自身资源优势，形成帮扶小组，指导创业计划书的撰写及创新指导，加强创新文化建设。

4. 搭建媒体阵地，坚持网络育人

团支部构建网络宣传平台的高标定位，以“服务学生、引领思想”为主要价值定位，通过“线上”与“线下”相结合，以学院微信、微博等平台作为主要传播载体，自制祝福视频向团十八大致敬，以国家重大节庆、纪念日等为契机，在官方微信“杏苑 Angel”等新媒体平台上发布相关思政话题，支部全体男生自创《心血管疾病之歌》助力中医护理宣教活动。

5. 构建驱动体系，坚持发展育人

团支部以支部成员全面发展为目标，促进支部成员的思想道德素质、科学文化素质和健康素质协调发展。鼓励支部成员积极参加院校各项活动，进一步密织“人才圈”、打造“发展圈”、打通中医护理人才互通交流渠道。

（三）工作成效

“一核五维”育人模式落实以来，帮助支部成员扣好人生的第一个“扣子”，团支部建设工作取得显著成效。

1. 志愿活动方面

支部成员带领组织开展的“医院义工行”等活动被福州晚报等多个报纸和网络媒体进行报道，支部男生自创《心血管疾病之歌》助力志愿宣教活动，视频MV短短两天之内播放量近万。其中，支部团队荣获“优秀青年志愿团队”表彰。

2. 社会实践方面

团支部在寒暑假共组织4支社会实践团队，长期将中医护理与精准扶贫相结合，并致力于研究畲族文化，其中“全心全意精准扶贫，调研畲药文化”社会实践活动受到广泛好评。实践队活动被各大新闻媒体报道总计48篇，实践队自编红歌上传至各大网络媒体，总播放量达5000+次。团支部多次获得全国大中专学生“三下乡”暑期社会实践活动奖项，2018年福建省社会实践先进个人优秀团队1人次、2018年福建省社会实践先进个人3人次等荣誉称号。

3. 科研创新方面

多位支部成员担任学院教师科研小助手，将人工智能、大数据等技术与中医药融合，传承精华，守正创新，促进中医药传承创新发展，支部成员获大学生创新训练项目省级立项2项，获“共享杯”大学生科技资源共享服务创新大赛优秀奖。

4. 素质发展方面

团支部成员在增长知识见识上下功夫，三年班级综测总成绩平均分为全年级第一；在带头服务同学上下功夫，5名支部成员在院校中担任主要学生干部，多人获评市、校级“优秀共青团干部”“优秀学生干部”荣誉；在增强综合素质上下功夫，支部成员深入贯彻素质教育，在全国中医药院校传统保健运动会、福建省健身气功锦标赛、福建省第十六届运动会、福建省第十一届职业生涯规划大赛等比赛中多次获得奖项。团支部于2016—2017学年获校级“先进班集体”荣誉称号。

（四）经验做法

全面推进实施“班团一体化”建设，落实“一核五维”育人模式的实践与探索，以培育具有创新和实践双能力的中医护理人才为抓手，依托团省委数字共青团平台，切实发扬“党有号召，团有行动”的光荣传统。

三、工作感悟

该案例是共青团工作中创新的典范之一，结合护理学院办学特色，围绕全国中医药大会精神，传承精华，守正创新，突出中医药护理优势，具有较强的思想性、政治性和时代性。

望以此案例建设为契机，不断提升中医护理原始创新能力，大力促进创新成果转化，助力“健康中国”战略。

作者：蔡诗莹　福建中医药大学护理学院2016级四班团支部

践行支部食品工匠精神，谱写青春华彩篇章

一、支部简介

闽南师范大学生物科学与技术学院2016级食品科学与工程1班团支部，通过组建“三小组”，形成“帮、带、扶”的格局，打造“三心”食品人工匠精神，提升同学专业素养、科研精神和实践能力，支部连续两年获评“五星级团支部”，2019年5月荣获“福建省五四红旗团支部”荣誉称号。

二、案例解析

（一）案例概述

团支部在辅导员和专业教师的指导和帮助下，配齐与完善团支部支委会队伍和班委队伍。支部始终坚持以“先进班集体”“五四红旗团支部”的标准来规范管理，通过创新自主学习模式，提高自主学习能力，带动班级科研能力，增强支部凝聚力。

支部先后成立思想理论与专业知识学习小组、创新科研小组、志愿小分队。以小组形式，在内部形成“帮、带、扶”的互帮互助格局，在外部形成“赶、比、拼”的彼此竞争模式，塑造团支部优良学风，打造“三心”（用心、细心、耐心）食品人工匠精神。凭借良好的学风建设，近三年团支部成员在专业素质、科研创新、志愿服务等方面均取得很好成绩。

（二）思路与理念

学风是支部之灵魂，学风建设是支部建设的重要内容。优良的学风具有强大凝聚力，可激发成员集体荣誉感，可使成员在学习中允分发挥主体作用，树立正确的学习态度。团支部在完善班子建设、丰富团建和团日活动的基础上，通过组建“三小组”（学习小组、创新科研小组、志愿小分队），发挥引领模范作用，旨在建设良好学风，以夯实支部成员专业知识和技能，自觉形成虚心好学、踏实勤恳的学习态度和严谨的科研态度，培养同学们敢闯敢拼、勇于创新

的综合素质。

（三）工作成效

团支部成员总体学习成绩优秀。支部多人次获得国家奖学金、国家励志奖学金、校级奖学金、三好学生标兵、三好学生等荣誉。团支部成员的科研能力和竞赛能力得到提升。近三年，大学生创新创业训练项目国家级立项2项，省级立项5项；省大学生食品创新创意大赛中获奖16项；省食品安全知识科普作品大赛获奖7项；省大学生职业规划大赛二等奖1项；省“互联网+”大学生创新创业大赛铜奖1项。

支部凝聚力得到增强。支部先后获“福建省五四红旗团支部”、校级“先进班集体”、校“五四红旗团支部”、院“优秀学风班级”等荣誉称号，获新生军训三等奖、校级教室装扮大赛三等奖、院级合唱大赛一等奖等集体荣誉。

（四）经验做法

在支部学生干部队伍配备齐全的前提下，积极构建老师与班委、班委与班委、班委与同学之间的联络沟通机制和交流互通平台。在团支部事务上面，尽量让全体支部成员共同参与决策。鼓励支部成员积极参加团日活动、第二课堂活动，不断提升团支部凝聚力。把“支部好大家好，支部兴大家兴”的思想让每一位支部成员入脑入心。通过组建“三小组”（学习小组、创新科研小组、志愿小分队），践行“用心、细心、耐心”食品人工匠精神，引领支部成员共同进步发展。

（1）成立学习小组。支部成立团日活动学习小组和专业知识学习小组，认真落实“三会两制一课”工作，截至当前累计开展50余次团日活动，支部成员的政治素养和理论水平得到很大提升，定期开展经验分享会、学习交流会，以“一帮一”“一帮多”“多帮一”等形式，促进同学之间交流，帮扶学习困难型同学，形成互相监督、互帮互助的良好学习风气，实现共同进步。

（2）建立创新科研小组。在专业老师指导下，支部组建创新科研小组5个。学以致用，科研小组依托食品专业基础知识，积极参加学科竞赛、科研立项申报和大学生创新创业大赛等。三年来，支部同学在“挑战杯”“互联网+”大学生创新创业大赛以及“大创”立项和科研立项方面取得显著成绩。

（3）组建志愿小分队。积极组织开展结合专业特色的创新志愿活动，鼓励支部成员积极参加，集思广益，将专业特长与实践相结合，发扬志愿奉献精神。

三、工作感悟

本团支部以组织建设为基础，依托强有力的支部学生干部队伍，形成“支部好大家好，支部兴大家兴”的强大支部凝聚力，重视班风学风建设，成立学习小组帮扶学习困难型学生，建立创新科研小组充分发挥大学生创新创业创造能力，组建志愿小分队将理论知识应用于社会实践当中，涌现诸如国家奖学金获得者、国家级大学生创新创业训练项目立项者、省级职业生涯规划大赛和“互联网+”大学生创新创业大赛奖项获得者等优秀学生，同时，团支部还获得过“福建省五四红旗团支部”荣誉称号。

本团支部凭借出色的学风建设在学院中独占鳌头，但在发挥党员先锋模范作用、树立学习与科研标杆事迹典型、注重个体全面发展等方面，特色还不够鲜明，仍需根据新时代新要求认真总结经验，深入挖掘更多既有意义又有意思的支部活动，努力起到在全院甚至全校的支部建设中的引领作用。

作者：陈倩　闽南师范大学生物科学与技术学院2016级食品科学与工程1班团支部

“审”七十载征程　“计”新时代鸿篇

一、支部简介

福建江夏学院会计学院 2018 级审计学 1 团支部是一个团结进取、充满活力、斗志昂扬的集体。支部组织建设健全规范，严格执行团支部推选的相关程序，整个团支部思想先进，团结互助，氛围和谐。团支部各项工作制度健全，支部委员各司其职，内部井然有序，工作有条不紊。18 级审计学 1 团支部始终将加强团员的政治修养、提高思想道德素质作为工作的重点。培养支部良好的学风，积极组织支部参加文体活动，开展丰富多样的团日活动。

二、案例解析

（一）案例概述

为加强团支部建设，增强团支部凝聚力、向心力，建设好团支部文化，激发支部团员的积极性、主动性和创造性，培育其价值观，团支部积极利用新媒体平台，利用智慧团建系统。团支部每月组织进行线上青年大学习，定期在智慧团建系统中发布团日活动，组织支部团员积极参与活动，推动“班团一体化”，打造支部文化，加强学风建设，开展多种多样的活动。

（1）团支部创设一个官方公众号——“会院审壹君”：服务于支部成员留存团支部的美好时刻，旨在团结支部成员、记录生活、创造更良好的支部氛围和支部文化。“会院审壹君”团支部公众 QQ 号设专人管理，每日定时定量发送支部动态，宣传支部信息，定期发布支部活动，展现支部风采。暑期，为号召支部成员温故红色记忆，传承爱国主义，特举办“审壹夏旅”活动，积极鼓励支部成员在暑期到红色旅游景点进行参观学习，并记录心得体会，发送到团支部公众号中，挑选出优秀作品进行展示。

（2）举办“聚支部力量，扬青春风采”——支部团队建设活动：将趣味运动会与团知识问答进行结合，采用这种新型的活动方式，调动支部成员的积极性，提高参与度，提高团员的思想性。举办服装设计活动增强支部的凝聚力，推动“班团一体化”建设，提高支部、班级荣誉感，丰富支部、班级文化，加强支部成员共同协作完成班服的合作精神，培养友谊。丰富校园文化生活，提高广大学生的艺术修养。

（3）举办“书香溢满校园，心灵徜徉书海”读书分享会活动：活动要求结合自身实际，或谈经验和方法，或讲收获与提高，由班级每个同学轮流介绍自己最喜爱的一本书。选出一本书来，分出书里面的几种角色，由不同的支部成员分别演绎，让支部成员们置身于书中的具体情景之中。通过读书分享会活动，为班级营造良好的读书氛围，提升了支部成员的综合素质。

（二）思路与理念

（1）充分利用新媒体平台的技术资源，利用公众号平台作为对外宣传的媒介，举办系列互动，提高支部的关注度，加强支部成员们的交流，让大家时刻感受到温暖的气息，促进支部内部的和谐，并从中加强大家自身的建设。

（2）采用趣味运动会与知识问答结合的形式，创新团组织活动形式，提高团员们的积极性与参与度，积极鼓励支部成员参加各类文体活动、专业知识竞赛等。

（3）积极倡导优良学风的建设，进一步营造浓郁的学习氛围，塑造内涵丰富、特色鲜明、品位高雅的支部文化，加强学风建设，引领浓厚的校园读书风气和积极的求学风尚。宣传和谐美好共赢的理念，传播积极团结的精神。

（三）工作成效

“会院审壹君”团支部公众 QQ 号的运营是建设先进团支部的一大重要举措，支部拥有一个对外展示同学风采的窗口。自开始运营至今，收到的反响颇佳，团支部活动成果得以展示，支部成员积极投稿，情感得到交流沟通与释放。同时团支部文化得到构建，支部成员更积极地参加活动，对支部事务更了解更上心，同学之间的联系更加紧密。

团支部积极组织支部成员参加学校学院活动，建设支部文化，参加各类活动。支部同学积极参加学生论坛，学术讲座，大学生创新创业比赛，十佳歌手比赛等各类比赛，并且在一系列活动中都取得优异成绩。

支部的同学养成良好的学习习惯，这与支部内良好的学风是密不可分的。在先进同学的带领下，同学们都能自觉主动地学习，考勤情况良好，在各次考试中均无作弊现象，成绩优异。

（四）经验做法

充分利用智慧团建系统及新媒体信息技术，打造支部特色文化，营造优良的学习风气，结合支部开展形式多样、内容丰富的活动，提高支部成员的思想觉悟和道德修养，加强支部的凝聚力、向心力，增强支部成员的集体荣誉感，增加成员之间的交流与沟通。始终将组织建设作为工作的重点，切实提高团员的政治修养，提高思想道德素质。支部定期组织理论学习，并结合趣味运动会的形式，提高趣味性及团员的参与度。贯彻党的理论知识深入每个团员心中，真正做到理论与实践相结合。号召团员向党员同志看齐，以他们为学习榜样，学习他们的思想觉悟和工作作风，促进团员之间及团员和团干部之间的交流，加强班级的凝聚力和合作精神、培养团员们的大局观念和爱国情操，团日活动中进行党、团知识介绍，以切实加强支部成员的思想建设、学风建设，进而使支部团员不断汲取新的知识。

三、工作感悟

本团支部利用新媒体平台的技术资源，进行对外宣传，搭建网络互建平台，提高团支部知名度，增加支部团员对支部活动的关注度，促进支部外在形象的树立，构建支部内部的和谐，增强团支部的凝聚力和战斗力。团支部注重支部文化建设，大力推动“班团一体化”，进行活动形式创新，提高团员们的积极性、热情度，有力地提高支部成员的参与度。团支部积极倡导优良学风的建设，不仅停留在思想教育方面，更多通过开展各类活动呼吁支部成员多读书、读好书、勤交流，塑造内涵丰富、特色鲜明、品位高雅的支部文化。

打造团支部品牌文化，可以加强与其他团支部及社会团体的合作与联系，坚持“走出去，请进来”的工作方法，拓宽支部成员视野，提升团支部的影响力。依托新媒体技术和手段，提升团支部工作的有效影响力，立足于打造多媒体的团支部文化传播平台为支部成员提供丰富的文化产品和自主实践的动感舞台，肩负着展示团支部文化的使命。利用新媒体平台开设的团支部公众号内容可涵盖面更广，除了支部活动、文化方面，还可涵盖人物访谈、跨文化交流、高雅艺术等方面，可打造网络电台、电视台和报纸三位一体的综合展示平台。

作者：张佳慧　福建江夏学院会计学院2018级审计学1团支部

以“专业”激活特色团支部，走实走深“行走的课堂”

一、支部简介

福建师范大学福清分校体育学院2016级体育教育团支部（又名“耕梦团支部”）牢牢把握“思想引领”和“专业成长”两大任务，以“奏响新时代的乐章，拥抱体育人的梦想”为核心理念，探索特色团支部的创建之路，以体育人更高、更快、更强的拼搏精神，在学风建设、学科竞赛、体育特色志愿服务地方等方面开启团支部的“耕梦”之旅。支部于2019年获评福建师范大学“五四红旗团支部标兵”荣誉称号。

二、案例解析

（一）案例概述

1. 团支部特色与优势

2016级体育教育团支部立足专业优势，积极开展“行走的课堂”体育特色服务地方实践活动，为福清市中小学校开展啦啦操、网球、足球等体育特色服务项目，推动地方体育事业健康发展。

2. 发展瓶颈

一方面，支部成员开展的体育特色服务以个别教师带领为主，活动缺乏思想引领性；另一方面，活动团味不浓，支部活力不足，没有形成特色团建品牌。

3. 以“专业”为支点创建特色团支部破难题

为突破瓶颈，积极探索特色团支部创建模式，确定一个支点（即专业）、两大方向（即服务型、学习型团支部）和三大板块（“筑梦、播梦、逐梦”）为主要构成的特色团支部工作体系。经过持续努力，有效“激活”团支部的活力。团员获得感也显著增强。

（二）思路与理念

1. 总体思路：一个支点、两大方向、三大板块创建特色团支部

“一个支点”即以“强专业、展特色”作为特色团支部创建的核心。“两大方向”是结合实际将发展方向定位为：以体育特色服务地方为主要内容的服务型团支部，和以赛代训、以赛促学为主要内容的学习型团支部。三大板块即以健康中国体育强国梦教育为主题的筑梦板块、以体育特色志愿服务地方为主题的播梦板块和以赛事优学风促成长为主题的逐梦板块。

2. 筑梦、播梦、逐梦，构建“耕梦”团支部的三大板块体系

（1）坚定理想信念，共筑健康中国梦。①学深悟透新思想。组织团员学习习近平新时代中国特色社会主义思想，开展“不忘初心、牢记使命”主题教育，并在支部党员的带领下，认真学习《习近平关于“不忘初心、牢记使命”论述摘编》，总结形成学习成果。②广泛开展健康中国理论学习宣讲。以党员、团支部支委为骨干，组建一支健康中国理论宣讲轻骑兵，以“青春践行健康中国梦”为主要内容，定期开展健康中国理论学习集体备课活动，借助“行走的课堂”项目的实践平台，宣传新时代健康中国体育强国梦方面的观点论述，为全民健身发声。

（2）阳光体育播撒欢乐体育梦。依托团员专项特长，组建体育特色支教人才库，形成啦啦操、网球、足球等支教小分队。面向乡村小学和儿童，以团日活动、团支部立项、“三下乡”社会实践等方式，开展“足（逐）梦少年”“阳光体育·情暖童心”“‘泳’无止境，安全你我”等特色团建活动，形成“阳光体育·七彩童年”的团支部品牌。“行走的课堂”体育特色服务地方项目扎实开展。

（3）以赛事优学风促成长，追逐专业成长梦。聚焦学风建设，支部成员充分发挥高水平赛事参赛资源，开展以赛代训、以赛促练、以赛助学行动。①相继开展高级别赛事训练观摩。②开展获奖人物专访和成长沙龙。③学习互助专项计划，选拔技能优秀学生教授团支部其他团员和低年级学生，营造出勤学苦练、创先争优的浓厚学风。

（三）工作成效

1. 专业特色激发支部活力

团支部注重“强专业展特色”，组织团员立足于专业专长办活动，推动第一课堂的理论学习与第二课堂的团建文化活动紧密互动。有效提升支部活力，解决活动参与率低、主题千篇一律等问题。支部于2019年获评福建师范大学“五四红旗团支部标兵”荣誉称号。

2. 团支部思想引领和服务成长作用发挥有力

在服务型、学习型特色团支部的创建努力中，“耕梦”团支部走深走实“行走的课堂”体育特色服务地方项目，形成并传播向上向善的正能量。团员专业实践能力明显增强，团支部学风建设成效明显，竞赛、考研、考证的学习氛围浓厚。支部团员获全国啦啦操锦标赛、福建省健身气功大赛、福建省高校师范生教学技能大赛等多项国家级、省级奖项。团员志愿服务行动受到福清市教育局、中小学校师生的广泛好评，特色团支部引领着青年团员与时代同行同向、共筑体育强国梦。

（四）经验做法

1. 增强专业特色是特色团支部创建的生命力

特色团支部创建的关键在于“专业特色能不能充分发挥”。团支部“行走的课堂”体育特色服务项目能不能走深走实，关键也在于“专业性”上。用专业提升团建的深度，拓宽团建的广度，只有使团支部融思想性、政治性、时代性和专业性于一体，才能真正凝聚起持续向心力。

2. 构建党团班三位一体的协同机制，推动党建带团建促发展

党团班三位一体的协同机制，即构建党、团、班三级组织纵向协同关系，形成党建带头引领、特色团支部创建有力、文明班集体广泛参与三者协同推进的发展局面。党团建设服务学生成长成才，让专业学习实践围绕党团引领。

3. 注重过程化动态管理、精品化项目打造

加强特色团支部的目标管理、过程管理和动态管理，正确处理团日活动、团支部立项与特色团支部创建三者之间的关系，构建基层团支部创建工作体系，形成一以贯之的动态发展过程。同时要立足特色，整合资源，凝练总结，加强宣传，注重对项目进行精品化打造。

三、工作感悟

本团支部具备以下三方面特点：一是专业特点鲜明。能将专业特色融入特色团支部创建体系中，有效激发团支部活力。二是注重第一课堂与第二课堂有机融合、积极运用校内校外实践平台开展团建活动。将第一课堂理论学习、专业资源延伸到第二课堂校园文化活动和校外实践平台中，为特色团支部的发展提供充分的人才技术和平台支持。三是党团班三级组织纵向协同机制有利于打造一支有战斗力的团支部骨干队伍，整合优势资源，形成推动特色团支部发展的机制保障。

本团支部立足专业优势创建特色团支部的做法，对于应用技术型高校的特

色团支部创建具有较强的参考借鉴价值。同时党团班三级组织纵向协同的团支部发展机制，对于团员规模较小的团支部也有较强的指导意义。

未来，团支部将进一步凝练支部项目品牌定位，增强宣传推广，系统谋划，做实做深“行走的课堂”团支部特色服务地方项目，使“耕梦团支部”充分发挥出思想引领和服务成长的重要作用。

作者：施林颖　福建师范大学福清分校体育学院2016级体育教育团支部

春华秋实六十载　砥砺前行谱新篇

一、支部简介

闽江学院新闻传播学院广告学1班团支部，由31位热血青年共同组成的友爱家庭。团支部分工严明，下设团三角、团支委等职能部门，各位同学各司其职，共同效力于集体。团支部这学年来积极响应上级号召，定期开展“三会两制一课”、举办富有专业特色的团日活动，在全支部成员的共同努力下，于全校所有参赛支部中脱颖而出，挤进十强，荣获“十佳团支部”“五星级团支部”“十佳主题团日活动”“三好主题团日活动”等荣誉称号。

二、案例解析

（一）案例概述

2018年，闽江学院迎来六十周年华诞，这是学校发展史上的重要节点。团支部集思广益，经过多次商议，最终决定举办一场富有广告专业特色的团日活动，此次活动以“春华秋实六十载，砥砺前行谱新篇”为大主题，共涵盖“拔前路荆棘，愿一往无前”“制专属贺卡，悟光辉校史”“迎甲子华诞，献花样祝福”三个篇章，希望通过丰富多样的形式为母校六十华诞献上最美好的祝福。

（二）思路与理念

第一篇章　“拔前路荆棘，愿一往无前”

这是一次很有趣的创意交互活动，活动主要思路为“你愿意为她拔除荆棘吗?”团支部在一大块展板上插上许多绿色的枝条，意为“荆棘”，这荆棘代表着在未来前行路上可能遇到的难题、困难与挑战，但有全校师生同在，希望通过师生亲自去拔除荆棘的举动来展现全校师生的凝聚力。更有意义的是，在互动过程中，拔除荆棘后若抽中桃心标志，就需要从工作人员处拿来棒棒糖并放上展板，互动结束后所有的棒棒糖组成一个“60”的字样，这代表着团支部，同时也是全体闽院学子共同送给学校的美好祝福，营造浓浓的温馨氛围。

第二篇章　“制专属贺卡，悟光辉校史”

团支部将闽江学院特点建筑，用3D贺卡的方式呈现出来，辅助校史宣传条、祝福条，让更多的闽院学子了解学校建筑，学习校史校训，铭记学院的光辉过去，继往开来。同时进行快闪活动，用新奇的、带有专业特色的互动游戏，书写团支部全体同学对闽江学院六十周年校庆的真挚祝福，带动大家表达对于学校未来的美好祝愿，真正促使每个人知校、爱校、荣校，加强建设学校的责任感和使命感，营造良好的校庆氛围。

第三篇章　“迎甲子华诞，献花样祝福”

团支部同学们通过各种渠道联系其他高校的同学，为其讲述闽江学院办学六十年来的风雨历程，从而使更多的人了解并关注到闽江学院六十周年校庆活动，与此同时收获来自海内外许多高校学生们对闽江学院六十周年校庆衷心的手写祝福。更值一提的是，团支部赴美交流生陈北方等同学特意采访多位美国同学，教美国友人学中文祝福，并录制视频剪辑成片，为母校献上漂洋过海的礼物。此外，团支部同学们还结合自身专业特色，拍摄创意祝福短视频，充分借助“抖音”“快手”“头条号”“QQ空间”等一系列新兴的媒介平台，为母校六十周年华诞献上多样祝福。

（三）工作成效

1. 全媒体宣传模式，营造浓厚校庆氛围

团支部抓住新媒体大流量机遇，以微信、微博、QQ空间、易班、今日头条、抖音、快手、广播、网站共计9个宣传平台为载体，多个媒体高度融合，形成新闻宣传资源共享的全媒体发展模式，滚动式推送新闻，同时号召支部成员一同参与转发分享，为母校六十周年校庆营造浓厚的氛围。此外，此次活动宣传小组对活动细节等进行高度把关，通过网络学习、询问老师等多种方式，研究新媒体、运用新媒体，对内凝聚人心鼓舞士气，对外树立形象促进和谐，以饱满的热情、创新的思维和务实的工作，充分展现广告学子风貌。

2. 趣味有创意，丰富多样有意义

此活动形式丰富，涵盖线下落地游戏、快闪活动、线上创意短视频祝福等多种形式，趣味性高，创意十足，吸引师生共同参与，不枯燥，不无聊，不搞形式主义，而是真真切切地为六十周年校庆精心策划的一场创意活动，具有实际意义。活动效果显著，扩大学校六十周年校庆的信息圈，提高学校在内在外的美誉度。

（四）经验做法

1. 注重前期宣传，预热要及时，要精确，要多。

2. 活动研读。组织主要负责人要进行活动研读，互相设想活动中可能出现的问题和解决方法，做到防患未然。

3. 要尽量在能力范围之内，准备尽量充足的物资，以备不时之需。

4. 线上短视频活动该如何结合线下的快闪活动？可以用现场表演或者是吸引人模仿之类的形式能更加扩大线上短视频的传播和影响力。

5. 每个平台内容的管理不够紧密，只是单纯地发布，没有进行有效的互动。应该思考一些方法让线上互动更加活跃从而能更好地吸引到更多的观众。

三、工作感悟

活动主题鲜明，富有创意，是一次具有实际性积极意义的优秀团日活动。活动主线明确，思路清晰，按照三个篇章来进行，层次分明，环环相扣，每个篇章都能以其不同的趣味形式去营造校庆的浓厚氛围，为母校献上祝福。这一点是此次活动最吸引人的亮点。

在推广方面，团支部于微信、微博、抖音、今日头条等九大新媒体平台上进行联合宣传，还积极投稿校内官方媒体辅助宣传，以线上软文、线下海报、广播等多种形式为此次活动的造势起到极大的推动作用。

在活动方面，一是线上与线下的活动没有进行较好的结合与联系；二是创意交互活动前期策划预想不够到位，活动物料欠缺。在宣传方面，一是前期宣传力度小，宣传效果不佳；二是宣传角度不够深入，不够新颖，缺乏前瞻性，校内媒体资源多但外媒欠缺；三是宣传人员匮乏，导致力量集中于一小块人群，精力耗费大。因此，在今后活动中团支部要注意前期策划的全面考虑、宣传报道时的贴切深入、要拓宽宣传资源。

作者：林畑　闽江学院新闻传播学院广告学1班团支部

不忘初心人人做到三个好　牢记使命个个自信有担当

一、支部简介

厦门理工学院2016级数学团支部由41名团员构成，从2017年至今，支部坚持每月开展一次团的活动，定期召开“三会两制一课”，严格要求支部团员认真学习“青年大学习”网上主题团课，数字团建系统星级团支部创建的五星级团支部。支部结合“不忘初心 牢记使命”主题教育活动精神，通过创建“三好型”团支部，促进青年团员的学习积极性，不仅加深对习近平新时代中国特色社会主义思想的理解，提升青年团员的思想政治理论基础，坚定“四个自信”，更加地激励支部青年团员争做具有浓厚家国情怀的新时代新人。

二、案例解析

（一）案例概述

本团支部紧紧围绕校团委的工作部署，充分发动青年团员参与到支部创建中来。他们以做“好学生、好儿女、好公民”为活动目标，互帮互助，学业成绩大幅提升。团支部积极开展亲情活动，培养家国情怀；注重学习理论，服务社会；人人争做好学生、好儿女、好公民。

（二）思路与理念

2016年在学校新生开学典礼上，团支部的所有同学和全校新生一起手扶校徽，庄严承诺：一不负青春韶华，勤思善问，立学立行，做一个好学生；二不负父母双亲，崇文尚德，慎思笃行，做一个好儿女；三不负祖国人民，关爱他人，仁民惜物，做一个好公民。那一刻，他们心潮澎湃，看台上的父母们热泪盈眶，为了让这份美好的愿望延续下去，决定创建“三好”型团支部。以“人人做到三个好，个个自信有担当”为创建口号，就是要让所有青年团员不忘初心，牢记使命，做新时代的三好青年。

（三）工作成效

1. 争做新时代的好学生。两年来，全班同学课业成绩进步明显。考试及格率从原来的 70% 提升到 98%，优秀率高达 80%；四六级通过率从原来的 25% 提高到 80%，学院排名第一；全班同学 100% 参加学科竞赛，校级以上获奖达 75 项，其中省级奖项 10 项，国家级奖项 8 项，获奖数量和质量均居全院同专业第一。

2. 争做父母的好儿女。做一个好儿女应当具有浓烈的亲情观念，在校更加严于律己，让父母放心。两年来，全班同学与父母通话次数达 12098 次，累计为父母分担家务事 11064 件；开展亲情故事分享会 18 次，分享亲情小故事 864 个；为父母写了 584 封信，收到父母的回信 198 篇。同学们守望相助，全班同学做到零预警，零违纪。

3. 争做祖国的好公民。做一个好公民应该做到爱党、爱祖国、爱人民的有机统一。利用“共青团中央”“厦门团团”“厦门党建 E 家”“学习强国”等平台学习新思想，累计学习时长达 27643 分钟。共开展新思想学习交流会 15 次，全班同学参与率达 100%。为提升文化自信，每月举办家乡文化分享会，每学期开展“做进步青年”的微课比赛；创建以来，制作微课小视频 112 个、开展家乡文化分享会 24 次，撰写宣传家乡风情文章 138 篇。

（四）经验做法

1. 不忘初心做个好学生。每周开展晨读、组织晚自习、认真落实课前三十秒课后一分钟，支部同学做到不迟到、不早退、不旷课。支部成立专业学习帮帮团，整理错题并汇编成册，每日坚持“万步走”增强体质等。他们结合“不忘初心，牢记使命”主题教育，通过举办“我和我的祖国”主题征文比赛、“我与祖国同框”摄影比赛、在国庆日组织支部同学收看庆祝大会、“筑梦热血青春，彰显爱国情怀”多米诺骨牌活动等激励同学们不忘初心做个好学生。

2. 乌鸦反哺做个好儿女。支部成员坚持每周与父母通电话；假期为爸妈下厨、做家务；定期给父母写一封信，每学期开展亲情故事分享会，品味真挚可贵的亲子情。

3. 牢记使命做个好公民。为了提高理论修养，由党员带团员，每日学习新思想，利用“共青团中央”“厦门党建 E 家”“学习强国”等平台，每月学习习近平总书记讲话、学习榜样人物的先进事迹；为了提升文化自信，每月举办家乡文化分享会，每学期开展“做进步青年”的微课比赛；支部成员一边学习一边实践，全班同学积极响应学校洁净家园的号召，持续开展“美化校园 从我做起”洁净校园活动；此外，还有走出校园，前往厦门北站、中山路、集美银亭社区多地开展服务、传播红色文化，为文明城市创建贡献一份心力。

三、工作感悟

本团支部延续厦门理工学院新生入学典礼上的铿锵誓言，以做“好学生、好儿女、好公民”为活动目标，扎实开展各类活动，让青年团员在创建“三好型”团支部的实践过程中成长、成才，践行社会主义核心价值观，使之成为青年团员的价值追求和自觉行动，有效帮助他们树立正确的价值观、人生观和世界观，引导他们争做新时代三好青年，更好地做社会主义的建设者和接班人。

“三好型”团支部的创建很好地诠释近期教育部发布的《关于深化本科教育教学改革全面提高人才培养质量的意见》中“让学生忙起来”的要求，符合立德树人的指导思想，引导青年大学生全面发展，具有较强的示范意义和推广价值。

“三好型”团支部的创建过程可以多样化，可根据青年团员自身的专业特点、学校的具体情况甚至地理区位的差异量身制订创建方案，也可结合学校或者学院各大主题教育开展，让创建过程更有针对性，以取得更好的创建成效。

作者：杨宏斌　厦门理工16数学团支部

笔篆德学风采　手绘语教蓝图

一、支部简介

龙岩学院师范教育学院2017级汉语言文学【S】班团支部成立于2017年9月，团支部朝气蓬勃，极具凝聚力，经常举办创新性的支部建设活动。支部多次荣获嘉奖，如连续两年被评为校级“五四红旗团支部”，在福建省星级团支部创建工作中获得“五星级团支部”，2019年5月荣获“龙岩市五四红旗团支部”称号。

二、案例解析

（一）案例概述

在党委和团委的共同领导下，2017级汉语言文学【S】班团支部努力打造创新型团支部，鼓励团员参与支部活动，积极谏言献策，把握时代发展脉络，散发团员的青春活力。支部努力优化管理制度，积极引导成员入党，开展特色支部活动，开设团支部公众号，采取创新举措壮大团支部力量。两年多来，团支部共创共建，认真落实“三会两制一课”“智慧团建”，共同推进“班团一体化”。从校“五四红旗团支部”到龙岩市“五四红旗团支部”，都是团支部成员共同努力的成果。

（二）思路与理念

2017级汉语言文学【S】班团支部的建设目标是成为一个优秀的创新型团支部。团支部的理念从实际出发，推陈出新，改进工作；建设思路从思想、制度、活动三方面着手。思想建设增强凝聚力，制度建设增进规范化，活动建设优化组织，带领支部成员向团向党靠拢，让团员有所收获。

支部的建设主题是“笔篆德学风采，手绘语教蓝图”，努力加强在“德”和“学”方面的素养。支部同学勤奋学习、积极进取，学习成绩普遍优异，展现“学”的风采；敬老爱老、服务市民、维护环境也体现支部“德”的品质，这些都是助力支部成为“龙岩市五四红旗团支部”的重要因素。

（三）工作成效

两年多来，团支部的创新成效十分显著。

一方面激发大家的参与热情与创新动力，使内部凝聚力不断增强。在支委会、预备党员和入党积极分子的带领下，支部用活动引领创新，优化组织建设，管理制度不断升级。

另一方面取得累累硕果。2017 年荣获龙岩学院原文学与传媒学院“星级文明班级”称号，2018 年获得龙岩学院“星级文明班级”称号，2019 年在龙岩学院“聚焦核心价值观，展现青春正能量”团支部立项活动中获优秀奖；不仅如此，支部连续 2 年被评为“龙岩学院年度五四红旗团支部”，连续 2 年在福建省级共青团举办的星级团支部创建活动中荣获“五星级团支部”称号；更值得一提的是，在 2019 年 5 月支部荣获“龙岩市五四红旗团支部”称号。

（四）经验做法

2017 级汉语言文学【S】班团支部始终坚持从思想、制度和活动三方面开展创新。

思想方面，全体成员坚持把思想政治理论学习作为重点。每周进行“青年大学习”，坚持“三会两制一课”，并开展知识有奖竞答环节，增进知识理解吸收。在支部 70 周年国庆系列活动中，支部用开展班会、书法竞赛、手工剪纸等形式，展现爱国爱党的思想。

制度方面，以“笔篆德学风采，手绘语教蓝图”为主题，以“扬传统展国风，追时代行使命”为口号，加强制度化管理。团支部创新管理制度，实现班委“任初有承诺，任中有考核”的科学化管理，在普通团员中建设考评小组，定期对班委进行考评。班级创新学习共进制度，经常开展学习交流会，共同研讨语文教学技能，班级群聊互相分享整理的学习笔记。

活动方面，将新兴媒介与班级建设通过线上和线下相结合。团支部经常结合时事热点，开展“学习十九大精神”“烈士陵园志愿祭扫”和“参观闽西博物馆”等活动，并采用时下热门的微博、微信、QQ 等社交软件，开设支部账号，将支部活动以直播、文章等方式发布在平台上供更多人学习，至今点击浏览量达到上万次。积极组织开展班级团支部志愿服务活动，如走进东肖“夕阳红”敬老院关爱老人、龙津湖净化美化、同心楼教室清洁等志愿服务活动。与此同时，同学们积极参与创新创业项目等校内外活动并获得多个奖项，从院级到市级再到省级，成果丰硕。特别自豪的是，由班级学生撰写、表演的心理情景剧还被推荐到市里演出，获得校级领导和市区级领导的高度赞扬与肯定。

三、工作感悟

本团支部能结合自身专业特点、发挥专业特色，紧紧围绕团员组织生活、基础团务、支部活动等核心内容开展工作。一是重视团员青年的思想教育工作，加强团员青年的思想引领和价值导向；二是积极践行社会主义核心价值观，以实际行动团结带领青年学生积极投身社会实践和志愿服务活动；三是加强团干部队伍建设和班级团员的教育管理，做好团支部的各项工作。结合专业特色、发挥专业优势，不仅有利于提高团员青年参与活动的热情，还有利于提高同学们的专业实践能力和综合素质能力，从而促进基层团支部活动的开展，强化团组织的凝聚力，提高基层团组织的影响力。

因受限于活动规模、活动参与度和活动可持续性等因素，团支部工作开展在效果上有意思、有意义，管理上系统化、制度化，推广上有参考性、可持续性方面存在不足。

作者：杨林　龙岩学院师范教育学院 2017 级汉语言文学【S】班团支部

以“主题团日”活动为抓手，加强基层团建工作

一、支部简介

福建农业职业技术学院电子商务1804班团支部成立于2018年9月，是一个充满朝气和活力的青年集体，是一支以吃苦耐劳、热情服务、真诚奉献而著称的青年集体。自创建以来，开展主题团日活动20余次，通过“主题团日”活动的开展，不断加强基层团建工作。

二、案例解析

（一）案例概述

主题团日活动是基层团支部建设的有力抓手。为切实加强团支部建设，全面增强团支部的组织活力，更好地发挥团支部的战斗堡垒作用，电子商务1804班以主题团日活动为抓手，加强基层团建工作，主题团日活动内容覆盖面较为广泛，涉及社会实践、学术科技和文艺体育等多方面，并以党员班导师形式带动团建活动的开展。

（二）思路与理念

1. 抓住思想建设，提高团内素质要求。继续不断贯彻党的十九大精神，积极响应并认真落实团委、团总支下达的任务，在思想和行动上同团总支保持高度一致。提高思想觉悟意识，提升团员素质，彰显出团支部高昂的精神面貌，积极进取的团员精神。

2. 规范主题团日活动总结的审查，以活动促进基层团支部建设。在主题团日活动总结的审查中，团总支组织部成立团日活动总结审查小组，依照统一的标准对每月团日活动的总结进行审查。在审查过程中，一定程度上更有效地培养了团内学生干部。

3. 在保证数量与质量的基础上，创新活动主题。充分认识到基层团支部在大学生思想政治教育工作的地位和作用，结合新形势下团组织的职能和团学工

作的实际，以理想信念教育为核心，以学生全面成长成才为目标，先后将“树农院文明风，筑青春正能量”“爱国教育，弘扬民族精神”“青春心向党，建功新时代”“信以诚为本，民以法为天”“弘扬五四精神，谱写时代华章”“纪念革命先烈，弘扬民族精神”“雷锋志愿服务精神”“宪法日主题班会”“健康人生，绿色无毒”“牢记时代使命，提笔抒亲情”等列为“主题团日”活动主题，引导广大基层团支部设计主题健康、形式多样的团日活动，在活动中对大学生思想认识进行潜移默化地影响和引导。

4. 通过党员班导师形式，以主题班会或活动带动团支部发展。例如，党员班导师召开“做思想上的党员”为主题的班会。让同学们更加明确入党动机，增强责任意识与荣誉感，争做思想上的党员，为党的建设做出应有的贡献。另外，为了丰富班级团建，增强班级同学的凝聚力，班级开展户外野炊活动，班级党员班导师参加活动并现场指导班级同学。

（三）工作成效

1. 增强团组织的凝聚力。随着“主题团日”活动的深入开展，越来越多的团员青年加入活动的策划与实施的过程中，团组织和团员青年的联系更加紧密，团员青年之间增进相互的了解，团内和谐、友爱、创新的氛围被轻松营造出来，团组织的凝聚力也在无形中得到增强。团组织在活动中，观察和了解每位团员青年，为基层团委和团支部的建设积蓄了后备力量，活动的内涵不断提升。

2. 激发了学生的创新意识和创造活力。主题团日活动项目众多，在统一标准审核的前提下，主题团日活动的开展具有极大的自由度，而这个“自由度”，正是同学们发挥想象、展现个性的空间。同学们的个人特长通过活动的开展得以展现，个人意志通过活动的开展得到磨炼，个人思想通过活动的交流更加成熟。

3. 增强了团干部的工作能力和水平。一个优秀的“主题团日”活动，从策划、参加答辩到具体实施和撰写总结，倾注了基层团干部的努力。对各种活动的策划和组织，锻炼了基层团干部的组织能力、沟通协调能力和具体执行能力，培养了他们对于可能遇到的各种问题的应对能力，使他们在活动中成长。

（四）经验做法

1. 做好干部培养与分配，各团支部根据学院团总支组织部的要求策划活动，活动结束后上交团日活动总结材料，活动总结经由组织部审核通过后，统一申报至校团委，由于团支部总数较多，审核工作量较大，将组织部干部进行分组，指定负责班级，学生干部自动与所对应班级对接。

2. 将各种团内荣誉的评选与开展主题团日活动情况挂钩，评选优秀团支部、优秀院系团组织和先进个人时，把开展主题团日活动作为重要参考依据。

3. 以党员班导师形式带动团日活动的开展，帮助团员同学更加明确入党动机，增强责任意识与荣誉感，争做思想上的党员，为党团建设做出应有的贡献。

三、工作感悟

团支部的活力是共青团整体活力的源泉，也必然是基层组织建设和工作的核心。以“主题团日”活动激发团支部活力的经验主要有三方面：一是建立主题团日活动总结的审查程序，提高活动质量的同时，更有效地使用与培养了团内干部；二是适当创新团日活动主题，激发学生参与热情，提高活动吸引力，从而对大学生进行有效的教育引导；三是以党员班导师形式带动团日活动的开展。

作者：吉飞跃　福建农业职业技术学院电子商务1804班团支部

以学为导：夯实团支部建设根基

一、支部简介

福建华南女子职业学院文化教育系2018级学前教育三班团支部组建于2018年9月，支部成员认真负责，团支部活动开展顺利，支部成员积极参与各类支部活动，在活动中提升团体凝聚力和个人素质，是一个具有高度凝聚力、战斗力与创造力的集体。

二、案例解析

1. 案例概述

建设学习型团支部，培育学习思想先锋。团支部是高校开展思想政治教育工作的主要阵地，自觉将党的理论和路线方针政策传播给每位团员青年。按照《共青团大中学生分层分类一体化思想引领工作大纲（试行）》总体规划，以团支部实际深入开展“学习党的理论、方针、政策、路线”“习近平总书记系列重要讲话精神”“学习之道”“平语近人”“培育和践行社会主义核心价值观”等具有政治性、主题性、教育性的主题教育活动为载体，实现每个月一次主题团日活动、一次志愿服务。实现主题教育常态化、成果化，全方位全过程地实现思想政治引领和价值引领，推进理想信念教育、社会主义核心价值观教育、党团认知认同教育，切实提升团支部政治引领力。

2. 思路与理念

在建设学习型团支部建设过程中，首要问题是认清马克思主义基本理论和中国特色社会主义理论体系的内容，在各项实践工作中，加强学习路线方针政策和国家法律法规，践行社会主义核心价值观，倡导团支部的成员们把自觉学习作为一种精神追求、人生常态。

坚持以学为导、立学为基、以学为基，提升境界。确定长期、中期、短期的学习目标和方位，组织丰富多彩的学习实践活动：加强“一学一做”的落实，坚定成员们的思想信念；围绕习近平总书记的“学习之道”“平语近人”等系列讲话开展相关的团日活动；评选身边的凡人善举，提升成员们的道德素养；组织参观活动，让成员们在经历中学习，在体验中成长；加强学风建设，要求成员们能超越自我，学会相互学习形成共同思维，把握事物的主流、方向，形成价值地位的集体智慧。

坚持思学并举，学以致用。在学习中，将党的现行路线、方针、政策和社会主义核心价值观理论内化为以“关爱、敬业、奉献”为核心的具体行为。在“学习型”团支部的创建过程中，通过参与并打造起一个个志愿服务项目，始终把实现好、维护好、发展好广大人民的根本利益作为认责承诺、履职践诺的出发点和落脚点。

坚持学深悟透，激发活力。在学习型团支部创建过程中，要紧扣使命；要紧贴青年们的思想观念、价值取向和行为方式深刻变化的实际；要坚持依托团日活动，志愿服务，各类实践活动，促使青年们在学习实践中，成为思想上的“引导者”“凝聚者”“激励者”。

3. 工作成效

在创建学习型团支部中，坚持把“素质有提高、本领有增强、组织有强化、工作有发展”作为根本出发点和落脚点，在推进团组织建设的实践方面取得明显进展和成效。

（1）带动学习氛围的形成。自创建学习型团支部以来，支部主要成员以身作则，坚持抓好学习，主动接受教育，带头遵守学习制度，自觉维护学习制度，充分发挥好表率作用，形成有利于制度执行的良好局面。在良好的学风氛围影响下，全支部青年牢固树立全员学习、终身学习的理念，通过专题学习、网络学习等多种形式，广泛组织学习，在支部内掀起比、学、赶、帮、超的学习热潮。学习成绩与综合测评的整体排名较之前有明显的提高。

（2）带动青年们作风的转变。以创建学习型团支部为契机，通过加强学习、提升素质、完善机制等举措，加强和改进青年们作风建设，规范支部成员的行为，使青年们的学习能力、纪律观念、大局意识有明显增强，干事效率、学习态度有明显提高。在改进青年们作风的同时，积极带动团支部作风的转变，在支部内树立和弘扬良好作风。

（3）带动青年素质的提升。团支部不断丰富知识储备，引导青年们通过集中学习、集体讨论、集思广益、互相启发，在学习和实践的相互激荡中形成新观点、新认识、新思路、新办法，进一步深化青年们对国情、党情、团情的认识，增强青年学习的责任感、使命感、紧迫感，促使青年们的学习能力不断提升、知识素养不断提高、先锋模范作用充分发挥，使团支部的创造力、凝聚力、战斗力不断增强。

（四）经验做法

1. 坚持在实践中学习

根据青年们在专业知识和技能方面的新需求，团支部组织开展各种形式的主题学习活动，运用朗诵比赛、知识竞赛、技能比赛等支部青年喜闻乐见的形式来不断丰富学习内容和学习载体，增强学习的吸引力，变“要我学”为“我要学”，达到提高认识、统一思想、凝聚力量的目的，增强学习实效。特别是围绕重要节庆日以重大历史事件纪念日，如2018年12月份的团日活动：“一二·九”运动；2019年的4月份的团日活动“全民国家安全教育”，积极开展各类主题学习实践活动，在实践中推动学习型团支部建设。

2. 搭建多种学习平台

团支部积极搭建实体学习交流平台，发挥学姐学长的传帮带作用，加强互动交流学习，充分发挥新媒体技术优势。支部建立完善的网络学习阵地，以“学习强国”为核心，以“青年大学习”为抓手，通过关注“共青团中央”“学校共青团”“福建共青团”等微信公众号，构建多渠道全覆盖的网络学习渠道。

3. 建立健全学习制度

定期总结青年们学习教育的经验，建立健全建设学习型团组织的制度，推进青年们学习教育的科学化、制度化、规范化。坚持“一学一做”，及时贯彻落实系团总支、学院团委的各项通知；建立择优鼓励制度；建立学习考核制度，把学习情况作为综合测评德育考核的重要内容，调动青年们参与学习、参与研究的积极性。

三、工作感悟

以创建学习型团支部为契机，根据学院团委、系部团总支关于团日活动的统一安排，开展形式新颖、内容活泼的主题团日活动，在学习中成长，在实践中锻炼，很好地将主旋律弘扬，在班级形成正能量氛围。同时结合专业特色及优势，开展特色志愿服务活动，深入学校、医院、敬老院等开展“三点钟课堂”“病房教室”等特色鲜明的志愿服务活动，使支部成员在志愿服务过程中践行志愿精神。学习型团支部的创造，以“理论＋实践”的模式开展各富特色的活动，不仅加强支部青年对思想政治教育、支部凝聚力的提升，而且有利于支部成员学以致用，提高专业能力素养。

作者：朱晓津　福建华南女子职业学院文化教育系2018级学前教育三班团支部

推进“三型”团支部建设　激发基层团建活动

一、支部简介

福州英华职业学院2017级计算机应用一班团支部，共有成员36人。在院党委的指导和院团委的领导下，团支部认真完成上级分配的各项工作任务，委员们分工明确，团结协作，勇于开拓，积极开展各类活动皆取得良好成绩。

二、案例解析

（一）案例概述

为全力推进基层团组织规范化建设，推动团的基层薄弱状况得到基本扭转，切实提升团的组织力。自2017年9月支部组建以来，支部积极响应共青团的号召，以培养社会主义建设者和接班人为己任，通过积极学习、严守标准、充满活力三方面积极推进构建学习型、规范型、活力型的团支部。

（二）思路与理念

1. 建设一个学习型的团支部

团支部落实“三会两制一课”，加强团小组会、支部委员会、团员大会的落实。开展定期的支部委员会和团员大会，以及不定期的团小组会，并积极参与团组织开展的团课，取得良好成效。开展班团主题班会制度，以“雷锋月”“文明校园”“不忘初心、牢记使命”等为主题开展系列主题团日活动。同时，支部有着完善的网络学习安排，以“学习强国”为重点，以“青年大学习”为巩固，通过关注“共青团中央”“学校共青团”“福建共青团”等微信公众号，构建全面的网络学习渠道。

2. 建设一个规范型的团支部

支部通过团员档案、智慧团建，落实“从严治团”要求，严格按照入团标准对支部团员材料和身份进行审查，确保团员身份无误。围绕“凝聚青年、服务大局、当好桥梁、从严治团”四维工作格局，响应“班团一体化”建设号召。

在学院团委指导下，支部民主选举团干部，同时班长兼任团支部副书记，促进班级建设和支部建设有效融合，齐力服务支部成员，并严格落实“三会两制一课”制度。

3. 建设一个活力型的团支部

支部在不同时期围绕不同需求，积极开展各类服务活动，助力团员全面发展。积极开展户外“参观纪念馆”“冬至汤圆水饺”等活动。鼓励支部成员参与运动会、技能大赛、辩论赛等文体比赛。开展考前一对多帮扶、新老团员交流会等活动，切实帮助团员解决现实困难，提升团员组织归属感，同时鼓励成员积极竞选院学生组织干部以实现自身价值。

（三）工作成效

两年来支部有着不同的进步，在团支部凝聚力、号召力方面，支部成员团结一心，充满集体荣誉感，积极响应支部号召参与到各类活动中。在支部全体成员的共同努力下，支部获评院“五四红旗团支部”、院“先进团支部”及福州市“五四红旗团支部”荣誉称号。支部成员多次获评院级“优秀共青团干部”“优秀共青团员”、市“优秀共青团干部”“优秀共青团员”等荣誉称号。支部成员积极参加校内外各类比赛皆取得优异成绩奖项收获颇丰。在志愿服务方面，支部成员参与率高达95%。在基础团务建设方面，做实“三会两制一课”“智慧团建”，团支部连续两年被评为五星团支部。在新媒体平台、团支部文化、学风建设等方面，通过QQ、微信等渠道开展线上学习。组织开展学习宣传贯彻习近平新时代中国特色社会主义思想，弘扬社会主义核心价值观等专项活动，围绕履行团的基本职能和思想引领、成长服务两大核心任务，组织开展富有特色的“团支部立项活动”“团日活动”等，支部成员参与率高达90%，并在智慧团建系统使团日活动登上热门活动。

（四）经验做法

以习近平新时代中国特色社会主义思想为指导，全面贯彻习近平总书记关于青年工作的重要思想，推动共青团组织持续深化改革开创新局面。首先团干部要做好工作、功夫、攻克这三个方面，班团工作就是一盘棋，要通力合作，认真对待工作细节，不要给自己贴上“官”的标签。“身为学生干部，要争做青年友，不做青年官。”团干部前期需要打好群众关系，打好群众关系才有号召力，使组织有凝聚力。在发展团员方面宁可少一点也要好一点，通过自荐列为入团积极分子，视情况制定其入团标准，建立完善的培养过程评价机制。在建设方面加强与学生会学生社团协同建设，共同开展各类活动，体现“聚是一团火，散是满天星”的基层合作。紧跟党组织开展活动，养成党有号召，团有行动的好习惯，开创共青团工作新局面。

三、工作感悟

本团支部高举团旗跟党走，“以点带面”拉动团支部规范化发展，支部团干能够分工有序，工作有组织、有计划，以自身做表率带动支部其他同学，有组织力、团结力、战斗力，基础团务工作扎实有效，能够发挥团支部的政治核心作用，形成一个学习有组织、活动有特色、工作有成效的五星支部。

作为民办高职院校，团支部务实、有效、规范的工作相比其他显得更为重要，本团支部作为民办高职院校基层团支部的一个典型代表，无论是在“智慧团建”执行、“三会两制一课”的制度落实及特色团日活动的开展都值得高职院校的基层团支部相互学习与借鉴。

团支部主要以组织生活、基础团务、支部活动为核心工作。首先要加强对团员和青年的思想教育工作；其次要团结带领团员和青年积极宣传和执行党和上级团组织的指示和决议；再次团支部要密切联系团员，服务团员，维护权益；最后团支部要做好各项工作。在工作中要学会把有意义的工作做得有意思、有传统的事情做得有系统、有品质的项目做得有品牌、有活力的组织做得有魅力，发挥好高校共青团组织的价值导向、思想引领等作用。

作者：叶瑞民　福州英华职业学院2017级计算机应用一班团支部

打造“古色”文化 助力学风建设

一、支部简介

泉州师范学院文学与传播学院2017级汉语言文学（师范类）团支部，一直以抓好学风建设为首要任务，通过开展一系列的学风建设活动和团支部建设活动，强化团支部成员的自律意识，进一步端正团支部成员的学习态度，营造良好的学习氛围，努力建设优良学风，从而更好地建设团支部。

二、案例解析

（一）案例概述

团支部一直以来高度重视学风建设，积极发挥班团委、党员、入党积极分子和优秀团员的先锋模范作用，结合团支部实际情况积极开展经典诗文朗诵、“跟习大大学诗词”“抓学风，转教风，促校风”等系列特色的学风建设活动及团支部建设活动，努力提高团支部成员的综合素质，实现全员育人与全过程育人、理论教育与实践育人及团员教育培养和解决成长成才实际问题的紧密结合，促进团支部成员成长成才，为提高教学效果添砖加瓦。

（二）思路与理念

学风建设既是团支部精神文明建设的一个重要组成部分，也是专业教育创新与成长的永恒主题。优良的学风是提高教育教学质量的重要保证。古典诗词是中华民族文化蕴含的精华浓缩，为培养新时代“四有青年”提供历史积淀。文学与传播学院作为学校“三全育人”综合改革院系试点，打造“五色”文化，提升“三全育人”水平。在这个背景下，团支部结合中文专业特色，开展打造“古色”文化系列活动，以专业课程教育为主平台，践行“学习古色文化计划”“打造一流学风建设”“涵养中华经典诗词素养活动”为一体的团员全方位培养教育体系，让团支部成员在源远流长的中华古色文化中汲取思想精华，提高专业知识素养，促进中华传统文化源远流长！

（三）工作成效

两年多以来，团支部着力打造一流学风建设，通过一系列“抓学风，转教风，促校风”学风建设活动和团支部建设活动，团支部工作取得卓越的成效，培养一批优秀的团支部成员，获得省、校、院级多项荣誉。

1. 团支部荣获校级团日活动一等奖 3 次、三等奖 1 次。

2. 团支部荣获院级团日活动一等奖十余次。

3. 团支部 2019 年荣获“2018 年度十佳团支部”称号。

4. 团支部成员英语四级过级率达 74%，英语六级过级率达 20%，普通话二甲过级率达 64%。

5. 四名团员荣获“优秀共青团干部”称号，16 名团员荣获“优秀团员”称号。

6. 团支部成员在省“一马当先”征文比赛、市校辩论赛、市志愿服务活动、散文诗歌大赛、经典诗文朗诵比赛等各级各类活动中纷纷表现突出，斩获佳绩。

（四）经验做法

1. 建设一个主阵地：以课程科研为抓手，弘扬中华优秀传统文化。鼓励团支部成员申报传统文化方面的创新创业项目和课题等，实现课程教育与科研教育有机结合，对团支部成员进行核心价值观教育，把学习弘扬传统文化知识和树立核心价值观有机结合起来。

2. 建设一批第二课堂：以校园文化熏陶为抓手开展特色文化活动。如举办中华传统文化艺术节活动，寓文化性、知识性与教育性为一体，组织汉字听写大赛、经典诗文朗诵、“跟习大大学诗词”系列主题活动等。以清明节、端午节、中秋节等中国传统节日为契机，开展各类主题班会，结合社会主义核心价值观这个根本，发动团支部成员深入挖掘传统节日的文化内涵，积极丰富传统节日的形式和载体，弘扬中华优秀传统文化。依托学生社团如闽南传播协会、茶协会、清源文学社、话剧社等，开展传播茶文化、诗歌、书法、演《牡丹亭》等中华优秀传统文化相关艺术活动，加强对团支部成员传统文化的熏陶教育。

3. 构建一个支撑体系：以校外文化活动为抓手提升文化育人质量。通过定期地组织校外文化活动或者寒暑假的“三下乡”社会实践，让团支部成员在校外体验更多样的活动，感受德育的熏陶，如志愿支教服务活动，团支部发挥师范生的优势，去乡村小学进行志愿服务，开展支教活动，在支教活动中将中国古典诗词、经典著作进行传播，带领小学生学习古典文化。

4. 搭建一个平台载体：以“互联网＋”为平台实现文化育人常态化。充分利用“互联网+”资源，运用大数据完善建档机制，根据团支部成员需要推出文化育人课程，让文化教育推广到团支部成员的日常生活中；利用“互联网+”为团支部的贫困生提供勤工助学的岗位等；在原来学院党员微信公众号、学生发展中心公众号阵地上，通过开展专题文化育人活动月、定期推送中华优秀传统文化和红色文化学习课程、开展思想政治类活动网络直播、发布“一学院一品牌”新声赋经典公众号展示、推送文化育人典型经验等，营造健康绿色的网络文化学习氛围，培养团支部成员的诚信意识和积极向上的人生观。

三、工作感悟

团支部秉承“古典诗词口中诵，古色文化心中融”的专业特色理念，打造专业素质培养与切实贯彻落实优良学风建设一体化，建立起一套切实可行、行之有效、用之有益的团支部学风建设体系，在实践中不断吸取教训，总结经验，完善工作方式和内容。

通过分享团支部“以‘古色’文化促学风建设”的活动经验，有助于团支部在竞争与交流中寻求进步，取得更大的成效。对于参与建设的团支部来说，能通过交流与对比，学习到团支部管理、活动等方面的一些新方法，并在自己的团支部中加以创新，寻找到一套适合自己团支部的管理方法，从而使自己所在的团支部越来越好。

团支部要继续与时俱进，开展多元化、项目化团日活动，调动团支部成员的激情和活力，增强团支部的力量。在开展团日活动时，首先要与国家形势和社会发展相结合，注重现实，联系历史，关注社会，反映生活，突出重点，体现时代特点和时效性；其次要结合专业学习和学科特点，使团支部成员在活动中开阔眼界，增长见识，提高责任意识，自觉将社会主义核心价值观融入自身学习和实践中，体现活动实效性；最后要关注团支部成员身心健康发展，结合文体艺术等活动，使之思想上进，生活丰富，展示青年学生的朝气与活力。

作者：黎华莹　泉州师范学院文学与传播学院2017级汉语言文学（师范类）团支部

放飞新理想　争做新青年

一、支部简介

闽南科技学院 2017 级环境科学团支部是由 42 个兄弟姐妹组成的温馨之家，团支部成员之间和谐团结，积极向上，组织开展相关团立项系列活动，在争创“新时代团支部”的道路上并肩向前。

二、案例解析

（一）案例概述

1. 理论学习：集体观看“青年大学习”网上主题团课、关于环境保护的纪录片和以“五星红旗，我为你自豪”为主题的《开学第一课》等视频；对十九大报告进行深入解读；针对环境保护纪录片内容，结合所学专业知识与老师们进行交流分析。

2. 素质拓展：每个人刚上大学时的梦想会随着时间的流逝慢慢地忘却，小朋友的梦想在童年之时便埋下参天大树的种子。通过小朋友和大学生的彩绘写下少年、青年梦想，放飞风筝，放飞梦想和“激扬个性，塑造共性，团结友爱，携手并进”大学生心理健康日教育活动，结合生理心理素质拓展，实现自我超越。

3. 传承信仰：通过“回收旧书，共享经济”“学以载道，诚信为本”“浓情五月天，爱满母亲节”“安全校园我维护，法制教育伴我行”等系列活动，展现青年风采和优良传统。

4. 志愿服务：深入学习宣传贯彻党的十九大和第八次全国环保大会精神，宣传环保与可持续发展理念，开展“奋斗梦想，致力环教”，引导青年从小事做起，共同学习。

5. 团内建设：落实“三会两制一课”，按期缴纳团费，定期进行团员思想汇报会，加强团员意识教育和团干部队伍的建设，增强团员的先进性。

（二）思路与理念

开展理论学习、素质拓展、传承信仰、志愿服务的目的在于以下方面：一从思想上加强对团员青年的思想引领，坚持以“习近平新时代中国特色社会主义思想”为主要载体，强调思想政治教育，把团员青年教育成为“四有”新人，从而使团员的思想认识逐步深化，觉悟不断提高；二从心理建设上注重交流沟通，加强集体内成员的建设，通过互动交流，在不断锻炼成员们的心理身体素质的同时也不断增强支部凝聚力、战斗力，形成和谐有序的集体面貌；三从提高团内素质要求上，继续贯彻党的十九大精神，积极响应并认真落实团委、团总支下达的任务，提高思想觉悟意识，增强团员素质，彰显出团支部高昂的精神风貌和积极进取的团员精神；四从立足实践、创新工作上，充分发挥专业优势，开展一系列多元化创新活动，激发团员参与积极性，锻炼支部成员的能力，提高团支部成员的工作能力。

（三）工作成效

1. 增强团组织的凝聚力。随着素质拓展等活动的深入开展，更多的团员青年都加入活动的策划与实施的过程，相互了解，营造团内和谐、友爱、创新的新时代氛围。

2. 激发学生的创新意识和创造活力。主题团日项目众多，前期策划及实施开展都具有极大的自由度，在此过程中，无论是学生干部或是普通团员，都做到积极主动，有条不紊，同时也锻炼学生的组织能力、沟通协调能力、执行力及应对能力。

3. 提高支部的知名度和效应力。在支部对校园文化活动进行开展时，不仅宣传活动的主题意义，还旨在推动校园文化建设，依托共同成长组织体系，推动支部各项活动深入到各个团员青年当中，形成有效互动，促进丰富多彩的校园文化氛围。

（四）经验做法

1. 推进团支部制度建设，加强团员教育管理，增强基层团组织的内在活力。健全团内制度，深化团干部和团员青年的团员意识，要求团干部和先进青年带头参加团的各项活动，发挥先锋模范作用。

2. 建设“班团一体化”。明确班团合理分工，通过团支委的调动工作，激活学生干部的工作和责任意识，激活团员自我思想意识，从而内化于心。

3. 将团支部的建设和学科特色进行结合，构建特色团支部。多维度灵活开展完成各项活动，结合具体问题深入调研，例如，以学习时间活动为切入点开展，形成团支部特色方案。

4. 开展团内外青年互动活动，形成坚强有力的战斗集体。开好支委会和支部大会，大家充分发表意见，积极开展批评与自我批评，总结经验教训，做到生活上相互关心，工作上相互支持，形成良好班风学风。

三、工作感悟

基层团支部的活力是共青团整体活力的源泉，也必然是基层组织建设和工作的核心。本团支部的组织建设从思想上提高政治站位，以创新为载体展现新时代下的团员青年的意识魄力，树立青年的先锋模范作用，发挥榜样力量。同时抓好基层团组织基本制度，深化创新团干部队伍建设。通过多元化的“主题团日”和“三会两制一课”的深化实施，展现出团组织班风学风建设、凝聚力、主动性及创新点，取得显著的工作成效，活化基层团支部，促进高校共青团基层组织建设。

加强团的基层组织建设是共青团履行的根本职责，为贯彻落实总书记提出的“两个全体青年”，首先需要把握好“党建带团建”的根本原则，紧跟党建步伐，从而更好推进团组织生活，使之更加健全完整。

作者：林红璐　闽南科技学院2017级环境科学团支部

青春拥抱新时代　不忘初心跟党走

一、支部简介

莆田学院习近平新时代中国特色社会主义思想青年读书社团支部成立于2018年4月，是学校首个在社团中成立的团支部，成员皆为热爱祖国、追求马列真理、自愿学习研究习近平新时代中国特色社会主义思想相关理论的青年学生骨干。长期以来，支部以习近平新时代中国特色社会主义思想为指导，开展一系列丰富多彩的学习实践活动，吸引一批青年学生骨干参与其中。

二、案例解析

（一）案例概述

团支部自成立以来，一直以“学懂、弄通、做实”习近平新时代中国特色社会主义思想为目标，在积极建设“四有”（有目标、有计划、有制度、有保障）团支部的基础上，紧扣“五个学”（导学、比学、研学、践学、讲学），扎实有效地开展一系列活动，成为校团支部标杆。

（二）思路与理念

团支部结合自身实际，确立“两个提升”的发展目标。一是提升组织影响力。通过健全管理机制，使团支部在引导青年学生思想，培育理论研究成果，树立思政教育标杆上发挥重要作用。二是提升团员思政素质。通过组织团员扎实开展学习实践活动，切实提高支部成员自身思想素质、理论水平及实践能力。

（三）工作成效

在学校党委和校团委的关心支持下，在团支部全体成员的共同努力下，朝着打造“五个一”支部不断迈进。

一支学思践悟先锋队：培养一支思想过硬、有一定理论基础和实践能力的先锋队。

一个特色团支部：积极开展创建活动，努力打造理论学习标杆团支部。

2019 年，读书社团支部获校“五四红旗团支部”荣誉称号。

一套学生思政科研理论成果：通过开展习近平新时代中国特色社会主义思想专项学生科研立项活动，成员结合理论学习、实践调研成果申报项目，撰写论文，并将优秀论文汇编成册。

一批理论学习榜样：团支部每年表彰一批优秀团员，树立一批先进典型，让他们发挥榜样的力量，影响带动身边的同学积极加入理论学习的热潮中来。

一个思政教育品牌：以理论社团模式探索扎实有效地开展一系列思政教育活动，在学校已成为一个特色品牌项目。

（四）经验做法

支部以习近平新时代中国特色社会主义思想为指导，扎实开展“五个学”。

一是导学。结合《习近平的七年知青岁月》等书籍开展读书活动；邀请十九大代表翁钰珍、校马克思主义学院老师陈丽晖等校内外专家、学者、行业代表为团支部做专场报告；积极参与学校组织开展的“不忘初心，牢记使命——做中华传统文化的忠实守望者”故宫博物院院长单霁翔专题讲座、“加强新时代高校党的建设”福建省委教育工委副书记王建南专题报告会等思政学习活动。一年来，支部共开展集中学习活动 33 次，举办专场报告会 25 场，参与学校思政教育相关活动 21 场。

二是比学。积极组织开展“品读红色书籍”音频大赛、“强国一代，青春畅绘”明信片设计大赛、“青春建功新时代，莆院青年新锋向”筑梦青学堂团课讲课比赛等形式多样的竞赛活动近 10 场。

三是研学。围绕“青春拥抱新时代，不忘初心跟党走”“重温历史，牢记使命”等主题，走进电影院上团课、参观闽中革命纪念园、走访江春霖故居等地，一年多来，读书社共组织参观考察活动 8 场；组织开展莆田学院学生科研立项习近平新时代中国特色社会主义思想研究专项申报工作，2018 年共评审通过立项 60 余项。

四是践学。成立“青年筑梦”实践队开展暑期“三下乡”社会实践活动。团队入围 2019 年共青团中央“深度贫困地区青春行”重点团队。

五是讲学。在自身学懂弄通的基础上，成立“筑梦青学堂”宣讲队采取点面结合的方式深入贫困乡村小学围绕不同主题开展宣讲活动。

三、工作感悟

读书社是一支结合习近平新时代中国特色社会主义思想的团支部，积极推进团支部思想建设，引导团员积极学习马列主义、毛泽东思想和中国特色社会主义理论体系，有利于帮助同学们树立正确的世界观、人生观、价值观，促进高校学生团支部在校园文化建设中的作用，引领新时代背景下的文化自信。

本团支部结合自身实际，在积极寻求科学组织建设的基础上紧扣习近平新时代中国特色社会主义思想相关理论。开展一系列丰富多彩的学习实践活动，以培养一支思想过硬、有一定理论基础和实践能力的先锋队为目标，努力打造理论学习标杆团支部。思想建设是团支部建设的重要组成部分，支部以习近平新时代中国特色社会主义思想为指导思想，理论社团模式扎实有效开展一系列思政教育活动。扎实开展新思想的学习，并且融会贯通以理论为基础充分开展研学、讲学活动。在思想建设的同时不断深化知识理论的运用能力和影响力。吸引一批又一批的学生参与其中，有助于发挥青年读书社团支部的先锋模范作用。

作者：张毅　莆田学院习近平新时代中国特色社会主义思想青年读书社团支部

一条主线　三驾马车　助推志愿服务型团支部建设

一、支部简介

三明学院海峡理工学院16财务管理班团支部一共有28名共青团成员，是一个和谐友爱、充满活力的团体。团支部自成立以来，积极学习宣传习近平新时代中国特色社会主义思想，努力践行社会主义核心价值观。支部依托学院小海豚志愿服务品牌，围绕促进广大团员成长成才这一主线，以“情系畲乡 爱心支教”、社区志愿服务、台湾志愿服务三驾马车为助力，不断夯实支部服务青年成长成才职能，努力打造志愿服务型团支部。

二、案例解析

（一）案例概述

永安市青水畲族乡所处地区偏远，留守儿童缺少社会关爱。地域关系导致闽台文化、少数民族与汉族文化之间交流较少。三年来，本着初心和使命，支部通过志愿服务新载体，完成志愿服务型支部华丽升级，团支部服务青年成长成才的职能有新的诠释。支部多次向永安市民族中心小学发起“情系畲乡，爱心支教”关爱少数民族留守儿童志愿服务活动；与三明市区8所小学达成共建协议，陆续开展爱心支教活动，如国学课、心理讲座和研学旅行等，与桥西社区建立长期友好合作关系，定期定量开展社区志愿服务活动；对接台湾青年志愿者组织及社区开展社区服务、社区教育、二手图书整理、阳光奔跑、守护宝岛等志愿服务，促进两岸文化交流，将志愿精神传扬海峡两岸。

（二）思路与理念

紧密结合少数民族特色和高校闽台合作人才培养优势，通过调研青水畲族文化遗产，挖掘当地教育资源，结合中华民族国学经典，提高少数民族留守儿童学生综合素质，培养兴趣，培养他们正确的世界观、人生观、价值观；通过市区共建活动，为学校服务地方贡献绵薄之力，有利于促进同学们的不断完善，自我提高，全面发展；通过在台志愿者活动，帮助台湾困难儿童提高成绩，给予他们温暖的陪伴，促进民族融合，心灵契合，通过保护台湾当地的环境，促进同一片蓝天、同一个家园的理念融合。

（三）工作成效

一是由“被动服务”向“主动服务”转变。志愿服务为支部团员在过程中展示自我搭建平台，改变以前由上级团委部署活动、团支部组织开展、成员被动执行的局面。成员通过志愿实践，自主认领服务内容，培养志愿服务热情。活动开展以来，成员为9所市区小学的1000多名儿童带去红色文化教育、理论宣讲、国学文化、科普知识、绘画黏土、音乐舞蹈等课程，为台湾5个社区100多名困难儿童提供上门服务，为台湾及柬埔寨儿童整理800余册的二手图书。广大支部成员的责任意识、服务意识都得到显著增强。

二是由“一元主体”向“多元主体”转变。在志愿服务常态化的内涵发展下，单打独斗面临的发展瓶颈要求团支部要积极搭建服务平台，吸引其他各类团体参与到服务主体中来。通过今年来的“牵桥搭线”，更多的团支部加入青水畲族乡的志愿服务中。教育与音乐学院、机电工程学院也组织团支部开展家电维修、艺术剪纸等活动，充分调动学校内组织的积极性和创造活力，提升服务群众的专业化水平。由“一元主体”向“多元化主体”转变。服务过程中，团支部的示范带动能力得到大幅提升。

（四）经验做法

1. 对接畲族乡，让专长“显”出来

作为院小海豚志愿服务队的核心成员，团支书把小海豚的志愿服务项目引入团日活动，连续两年参与“情系畲乡 爱心支教”夏令营活动。根据少数民族留守儿童的年龄和特点，精心设计15门课程及红色研学活动，为孩子们带去关爱与陪伴的同时促进民族团结与红色文化传承。共建帮扶平台，组成专业团队参与永安市青水畲族乡实施乡村振兴战略，重点进行教育关爱服务项目，为民族地区实施乡村振兴战略发挥积极作用。小海豚为少数民族留守儿童提供生活学习等各方面的帮助，真实地反映农村儿童的生活和心理情况，呼吁社会各界行动起来，一起关注他们的健康成长，促进和谐社会的发展，为国家新一代人才成长创造良好的条件，弘扬爱国主义精神，用真心换真情。

2. 社区爱心相助，让形象“树”起来

通过校社区共建平台，支部多次深入三明市桥西社区开展雷锋月、消防月、母亲节、重阳节、旧物回收和文艺演出等活动。通过活动“小海豚们”向社区居民宣传爱心服务的意义，宣传“奉献 友爱 互助 进步”的志愿者精神，带动社区公益精神，弘扬中华民族传统美德，并且营造了良好的社会风气。

3. 相识台湾，让身份“亮”出来。

作为“3 +1”闽台合作办学的践行者，支部以“立足校园，服务师生，关爱台胞，奉献社会”为宗旨，坚持服务在身边、服务在校园、帮助台湾同胞。以台湾儿童健康暨身心发展协会为平台，开展辅导社区困难儿童、整理二手童书等志愿活动，为台湾儿童身心发展贡献力量；以“ 同一片蓝天”为理念，开展“守护宝岛”“阳光台湾行”等活动，搭建起两岸青年交流全方位立交桥，促进民族融合心灵契合。

三、工作感悟

团支部是一支友爱、团结的组织，以团支部规范化建设为基础，以志愿服务活动为平台，不断深化共青团关爱留守儿童志愿服务工作，服务青年成长成才的大局，利用团组织的凝聚力与向心力，培养起支部全体团员积极参与关爱偏远山区少数民族少年儿童的志愿服务意识，弘扬传承志愿服务精神。从2016年入学至今，通过他们的努力，“小海豚”志愿服务活动品牌化建设成效显著，志愿服务的制度性、规范性更加突出，也吸引更多非团支部的同学积极参与活动中，为少数民族教育助力、为海峡两岸友好交流助力。在这过程中，团员青年提升了专业素养，锻炼了实践技能，更通过切实地服务社会的行动，增强了社会责任感和时代使命感。

作者：陈鑫 三明学院海峡理工学院16财务管理班团支部

不忘初心同筑梦　牢记使命创华章

一、支部简介

三明医学科技职业学院2017级工程造价3班团支部由32名团员组成。这是一个具有凝聚力的集体，一个拥有良好学习氛围和先进文化思想的团支部，在校团委的领导下和经管学院团委的组织下，团支部开展一系列的主题会议及主题活动，如团员大会、团支部会议、义捐活动、团课学习等，并在举办的各项活动中都取得可喜的成绩。

二、案例解析

（一）案例概述

1. 扎实团务基础，加强团务建设

团支部严格根据“三会两制一课”的相关要求，积极开展“三会两制一课”的组织生活。严谨认真地完成团员教育评议与团员年度团籍注册，并通过“智慧团建”平台，完成基础团务管理，开展团课学习，推动团的工作等。班级全体共32名同学全体加入共青团，成为光荣的优秀共青团团员之一，为团组织输入新血液，争做新时代的新青年。也通过一系列基础团务工作进一步落实和完善团支部建设工作，为团支部工作开展提供坚强有力的保障。

2. 激发青年热情，强化责任使命

团支部积极开展各项活动，提升青年活力，提高精神层次。五四期间，由团支书组织开展的团员大会，带领支部成员在班级学唱共青团歌、学习共青团的发展史，让同学们更加深入地了解团。学习共青团歌期间，同学们热情高涨，唱一句学一句，气氛热烈。最后共唱团歌，体会词意感受。在学习共青团的发展史时，同学们的脸上充满渴望的目光，也让同学们进一步明确青年学生当下所应肩负的责任和使命，做个合格的共青团团员。牢记和弘扬革命先烈伟大的奉献精神，珍惜现在的幸福生活。

3. 开展志愿活动，弘扬奉献精神

为了更好地弘扬“奉献、友爱、互助、进步”的志愿者服务精神，团支部开展绿道环保志愿活动，支部团员踊跃参与。以小组的形式分工分区打扫，对已产生的垃圾进行清理，成员相互配合，还绿道一份美丽。此次的志愿者活动也得到市民的肯定，也成了绿道亮丽的风景，充分弘扬志愿者服务精神，也为绿道的公共卫生做出贡献。此外，团员们也积极参与义捐活动，为山区的孩子做爱心传递的使者。大家一致认为，优秀的共青团员就应义不容辞地承担社会责任，尽自己的一份微薄力量，关爱那些需要帮助的人。

4. 青春风华正盛，砥砺无悔前行

习近平总书记在北京大学师生座谈会上的讲话中说：“为实现中华民族伟大复兴的中国梦而奋斗，是我们人生难得的际遇。每个青年都应该珍惜这个伟大时代，做新时代的奋斗者。”作为共青团员，党的助手和后备军，在这个伟大的新时代中，在积极学好文化技能的同时，更要向党组织靠拢，了解党的发展历史，学习党的章程，使自己的思想走在前列，按中国共产党的标准严格要求自己，为实现中华民族伟大复兴的中国梦而不懈奋斗！

（二）思路与理念

习近平总书记强调：“青年一代有理想、有本领、有担当，国家就有前途，民族就有希望。”因此，青年学生就应该带头学理论、强信念，讲政治、严自律，促改革、抓落实，改作风、守规矩，把新时代共青团的好形象树起来。根据习近平总书记对深化群团组织改革提出的新要求，要树立大抓基层的鲜明导向，推动改革举措落到基层，同时围绕学校的育人目标，履行团的基本职能和完成思想引领、成长服务两大核心任务，组织开展富有特色、受到同学广泛欢迎和参与的“团支部立项活动”“团日活动”等，建设学习型基层团组织和数字化共青团。

（三）工作成效

团支部先后评为校级“五四红旗团支部”，校级“文明班级”，是四星级团支部，并且已有4名学生从入党积极分子发展成为预备党员。团支部组织全班全体团员学习作答每期的“青年大学习”主题团课，并动员团员参加相关的闯关竞答与学习打卡等。从这些“小事儿”来看，基层团支部将学习贯彻党中央精神落到实处，增强青年学生的责任意识，引领着青年学生更快更好地成长成才。

（四）经验做法

在学校大力学习宣传贯彻习近平新时代中国特色社会主义思想，弘扬社会主义核心价值观的过程中，全体学生开展了以团支部为单位进行学习的实践活动。2017 级工程造价 3 班团支部在党支部的指导下，结合青年学生本身的特点，积极开展形式多样、内容丰富的主题团体活动，充分利用新媒体平台，强化团支部文化和学风建设。

三、工作感悟

团支部落实以基层团支部为学习单位，开展系列主题教育活动，切切实实将学习落到实处，深入每一个班级和第二课堂，让每一名青年学生都在理论学习、主题活动、社会实践等项目中，深刻体会到团建主题教育活动的意义。同时，规范团支部建设，通过线上线下活动增强团支部凝聚力、号召力；通过利用社会资源，形成合力，丰富团日活动项目，充分弘扬奉献精神；积极利用“智慧团建”平台，保持思想的先进性，提升团学的有效性和强化团学的普遍性。

作者：肖慧娟　三明医学科技职业学院 2017 级工程造价 3 班团支部

凝心聚力共成长　知中有行创新篇

一、支部简介

宁德师范学院马克思主义学院2017级思想政治教育班团支部自成立时就确立“创新实干”型团支部的建设目标。在辅导员的指导下，团支部陆续开展许多卓有成效的活动。这些活动极大地培养了团支部成员的爱国主义精神，起到很好的团结作用，使团支部的建设更为规范化、科学化、系统化。

二、案例解析

（一）案例概述

团支部为了进一步引领青年进步，注重理论学习与社会实践相结合，力求实现知行合一、砥砺奋进。主要是开展两个重点活动：一是组织青年学生赴下党乡开展“六个一”教育调研实践活动。通过重走上党村至下党村“党群连心路”，慰问三户困难群众，了解下党乡在基层组织建设、精准扶贫工作及新农村建设的先进经验。同时，为当地小学生开展爱国主义教育课。二是开展“传承红色基因，缅怀革命先烈”实践教学活动，前往宁德市蕉城区烈士陵园开展“传承红色基因，缅怀革命先烈”实践教学活动。

（二）思路与理念

“空谈误国，实干兴邦”是中国共产党领导下的中国革命、改革和建设的长期奋斗过程中积累而来宝贵的历史经验。“空谈误国，实干兴邦”是对中国未来前途的回答和注释。团支部自成立以来始终秉承着“不忘初心，牢记使命”的理念，始终牢记着习近平总书记提出的广大青年要牢记“空谈误国，实干兴邦”的殷殷嘱托，致力于把团支部建设成为一个有着高度凝聚力、高度创造力和高度使命感责任感的新时代新型团支部。

（三）工作成效

团支部在社会实践也成绩斐然。习小宁文创团队获得2018年福建省大中专学生志愿者暑期“三下乡”社会实践活动优秀团队。在2018年11月13日成立的闽东之光红色文化教育中心展示馆，团支部成员积极争当志愿讲解员，至今累计讲解267次，接待参观学习人员8174人。

此外，团支部成员们积极参与各级各类赛事，并且获得优异的成绩。其中，院级荣誉84人次、校级荣誉105人次、市级荣誉6人次、省级荣誉15人次。3个项目获得宁德师范学院第九届“科技活动月”学生科技活动立项；3个项目获得2018年福建省“青年红色筑梦之旅”奖项；2个项目获得第十四届“挑战杯”福建省大学生课外学术科技作品竞赛三等奖；先后获得东南网、闽东日报等多家媒体报道。

（四）经验做法

1. 团支部的组织建设要以力争建成目标明确化、办事效率化、联系网络化、工作规范化、事务透明化、决议民主化的稳健组织为目标。要科学选拔团支部委员会成员。及时了解团支部成员的思想动向，发掘出工作能力强且自愿为支部服务的同学，鼓励他们参选支部委员会。要明确分工合作，明确团支部各成员的分工，注重团支部委员之间的分工合作，通过详细分配工作来强化支部的组织性、规范性，提高支部工作效率。

2. 团支部把对团员的思想教育工作及学习培训视为今后工作的重中之重。为提高同志们的思想觉悟，定期邀请上级团组织或党组织进行专题讲座和座谈，做到“学习工作化，工作学习化”。让支部团员青年及时感受到上级组织带来的关心和温暖。

三、工作感悟

团支部在建设过程中，始终贯穿以习近平新时代中国特色社会主义思想为指导，充分体现知行合一，体现参与者与新时代同向同行的理论认知与实践结合，努力践行习近平总书记对青年对大学生的“爱国情、强国志、报国行”的嘱托，特别是把闽东红色资源、红色基因作为生动素材充分融入团支部建设，牢固坚定“四个自信”，特别强调只有“实干”才能“兴邦”。马克思主义学院党委对团支部创建过程中所提供的全方位的积极指导和帮助也是一个重要特征和保障。

团支部建设紧紧围绕创建主题，在马克思主义学院党委的指导下，以多方位、多层次学习为抓手，紧密结合形式丰富的实践体验，以习近平总书记在宁德工作期间的治国理政思考和生动实践的著作《摆脱贫困》为重要学习内容，融入当地独特的红色教育资源，突出强调新时代大学生群体的爱国情怀和社会主义核心价值观的养成，培养青年大学生为实现中华民族伟大复兴的中国梦而奋斗的坚定信念。团支部的建设可以为其他团支部的建设提供一些经验和具体做法的借鉴，具有推广价值。

作者：马鑫　宁德师范学院马克思主义学院2017级思想政治教育班团支部

牵手青春　筑梦宁师

一、支部简介

宁德师范学院教育与艺术学院16级艺术教育团支部自成立以来就积极发挥专业优势、组织团支部成员积极参与各类比赛，获国家级比赛铜奖、省级美术教育专业学生基本功展示比赛团体三等奖，福建省第五届大学生艺术节大学生实践工作坊三等奖，市级比赛“三等奖”，校级文创大赛特别奖。团支部连续两年被评为校先进班集体。

二、案例解析

（一）案例概述

团支部始终秉着“使命、责任、追求”的校训，“青春旅途牵手共进，芳华岁月筑梦前行”的班训。积极开展各项活动，如“阳光晨读，皓月晚修”活动、对霍童、福安、安徽、江西等地艺术考察等各项活动。成员们积极参加校院组织的比赛活动，在国奖、省奖比赛中获得优异成绩。团支部秉持着严谨、负责的支部作风，支部成员们不但专业实践能力逐步提高，而且支部成员的思想教育、价值观也有很大的改变。

（二）思路与理念

1. 不忘初心，以学习为目的踏上征途

团支部作为学院第一届艺术教育专业班级，在这三年的学习中，支部成员从零基础的文科生华丽转变为具有一定艺术功底的艺术教育师范生，离不开学院领导老师的关心和支部成员自身的努力。在成长过程中，支部付出诸多辛勤汗水，用成绩说话，用实力表现说话，让大多数人对艺术教育、对艺术师范生有了很大的改观。支部成员并没有止步于此，而是凝聚一心加倍促进自身全面发展，使思想境界有所提升，因此支部成员整体素质有明显的提升。

2. 创新学习形式，丰富教学内容

本团支部是艺术教育专业的首批应届毕业生，由于缺乏专业基础，支部成员付出多倍的时间探讨更优的学习方法。经过支部成员的探讨，通过学生干部和老师的沟通，支部成员获得多次外出写生、接触社会实践的机会，支部成员的作画方式、工具、对象、范围都有了极大的扩展，这很大程度地提高了支部成员的艺术感知能力和表达能力。老师组建学习交流小组，每组两三名同学，老师有针对性地有效率地解决支部成员在学习上的问题。由于专业的特殊性，在理论课上的学习方式也较之其他专业有所不同，支部成员互相帮助，将理论知识用绘画方式表达出来，使一些学习较慢的支部成员更好地理解掌握。三年来，支部成员学习你拼我赶，以赛促练，在竞赛中提高了各成员的专业素质和技能。

3. 激发成员集体凝聚力和团结精神

在团支部建设过程中，团支部遇事及时解决，棘手问题能及时和老师沟通联系。学生干部起到先锋模范作用，树立好榜样，潜移默化地影响支部成员的行事风格，成员间互相帮助，互相包容。经过十佳团支部的锤炼，以及各种班级集体活动的组织，团支部在很大程度上凝聚班心，加深支部成员之间的情谊。

（三）工作成效

一分耕耘，一分收获，艺术教育班走过的风风雨雨，经历三年的考验，取得可喜的成绩，支部成员无论在思想上、学习上、社会关系上都有所提高。在学习上，本团支部参与各类比赛活动，积累宝贵的实战经验。在这三年里，有一名成员连续两年获得国家奖学金。成员们获得的奖项有：第四届中国教育创新成果公益博览会中大学生（研究生）教育创新创业大赛铜奖、优秀奖；“纤维细手—纤维艺术设计实践工作坊”优秀奖，其中作品《项圈—凤求琼芳》于2019年6月获得外观设计专利证书；希望颂—第四届全国青少年书画艺术大展高校组二等奖；“创青春”福建省大学生创业大赛第十届“挑战杯”大学生创业计划竞赛（本科组）三等奖；宁德师范学院艺术教育专业第一届教师技能大赛一、二等奖；第九届福建省工艺美术精品争艳杯大赛优秀奖等。支部成员在老师的指导下，开设“红剪子工艺品”店，并成功通过工商登记。支部33名成员荣获“福建省第十六届省运会优秀志愿者”称号，更有支部成员荣获“宁德师范学院大学生科技先进个人”“宁德师范学院社会实践先进个人”“优秀学生干部”“创新创业标兵”“十佳大学生”等称号。

在社会关系上，支部15个成员加入学校社团、校院学生会，认识不同专业的同学，促进支部成员沟通能力，提高社会交往能力。同时成员与成员间惺惺相惜，保持积极的心态面对生活。

（四）经验做法

1. 敢于创新

本团支部成员打破传统教学方式，勇于创新，尝试新的教学方式，增强学习趣味性和吸引力，促进师生关系，取得良好的教学效果。支部成员从零基础的普高生逐级成长成为具有一定艺术功底的师范生，在各类比赛中争得荣誉。

2. 将专业特色与支部建设相结合，理论与实践相联系

组织支部到霍童、福安、安徽、江西写生，带领支部走出去，开阔眼界，提高技能水平。通过开展教师技能大赛，不但展示了专业特色、提高专业知识运用能力，而且在活动中也促进了支部作风、凝聚力建设。

3. 善于利用每个支部成员的特长，成为支部建设主力

支部致力于挖掘支部成员的特长，在参加校举办的十佳团支部建设活动中，支部成员各显身手，每个人都为十佳团支部建设建言献策。在院十佳团支部建设评选中荣获二等奖并参与校级十佳团支部展示。

4. 以学风促班风建设

支部从大一开始坚持晨读晨练，组织“阳光晨读，皓月晚修”活动及课前一练训练计划，成员间相互监督、激励，支部成员学习积极性、自觉性普遍提高。良好的学习习惯为支部建设提供巨大动力，在潜移默化中班风建设逐步完善。

三、工作感悟

作为学校艺术教育首届毕业班，34 名支部成员三年以来保持团结一致、比学赶超的精神，学习挂科率逐年减少，近两年无一人挂科。同时支部成员通过自身努力，从零基础开始，从大一入学超过 1/3 的学生提出转专业的申请到现阶段班级全体成员齐心协力，努力提高本专业综合素质。

本团支部围绕支部建设，结合专业技能提升工程，专业教师带领支部成员参与户外写生和社会实践，极大提高学生的专业素质。同时通过师范生技能比赛，如素描比赛、手绘大赛等，增强师范生的基本功底。此外，艺术教育专业教师给予团支部极大的指导，每个班级配置班主任和导师，给予团支部成员更多学习和生活上的帮助，促使支部成员不断凝心聚力，团结向上。

作者：柳文玲　宁德师范学院教育与艺术学院 16 级艺术教育团支部

下篇 02

支部活动创新案例

传承爱国经典　培育爱国情怀
——红色电影配音大赛

一、支部简介

福州大学电气工程与自动化学院2018级电气工程及其自动化一班团支部支委会结构完整，组成成员认真负责支部成员积极参与各类支部活动，积极响应党的号召，在活动中提升团体凝聚力和个人素质。支部团立项活动曾获校团立项标兵称号。

二、案例解析

（一）案例概述

2019年4月9日晚，福州大学电气工程与自动化学院红色电影配音大赛于福州大学明德厅举办。决赛邀请福州大学党委宣传部副部长黄侨彬老师、福州大学学生工作处副处长柯江锋老师等作为活动评委。

一部部红色电影，一首首英雄凯歌。比赛现场，选手们扣人心弦的声线、恰到好处的动作、饱满感人的激情让在场所有人感知到红色经典带来的震撼力量，令人热血沸腾。

参赛队伍“鹰隼大队”配合默契十足，给同学们带来一场属于《风声》的听觉盛宴；“闲花俱谢队”带来的《建国大业》铿锵有力，情感饱满；“大哥当太空人队”用《无问西东》经典片段呈现青春的钝痛与历练后的成长；“喊就完了队”带来的《十月围城》，让人体会到革命那股无以名状的力量；更有“电线宝宝队”的《闪闪的红星》让在场观众身临其境感受那些惊险紧张的生死关头。

经过激烈的角逐，“二营长队”获得此次大赛的冠军。该小组的同学们配合默契，感情到位，表现富有张力，还原度极高，用作品《建党伟业》再现了那段英雄豪壮的历史和顽强不屈的灵魂。

“通过这种别出心裁的形式，不仅把红色文化展示给大家，也让共产党员不忘初心，方得始终，的信念得以传达。青年学子就应该把有意义的事变得有意思，做到真学、真懂、真信、真用。”福州大学党委宣传部副部长黄侨彬表示。重温难以磨灭的红色经典，感悟浩浩荡荡的历史之声，此次红色电影配音大赛，通过独特的配音方式追忆革命岁月，不仅让广大同学感受到红色经典的魅力和配音的乐趣，也加深他们对红色文化的理解，进一步激发广大青年学子的爱国热情。

（二）思路与理念

中国共产党紧紧依靠人民，跨过一道又一道沟坎，取得一个又一个胜利，为中华民族做出伟大历史贡献。其中记录着可歌可泣的英雄史诗，记载千万革命先烈的英勇事迹，永远是同学们铭记和学习的最佳题材。

为庆祝新中国成立70周年，弘扬“五老精神”，尊重“五老”，爱护“五老”，学习“五老”，团支部在学院深入开展学习红色文化活动，丰富学生校园文化生活，营造健康积极向上的校园文化氛围，并在学院开展红色电影配音大赛。

（三）工作成效

活动前期经公众号、QQ空间等途径的宣传，参赛选手达100余人，观众累计600余人。活动期间支部在网易云音乐上发起选手和队伍的宣传投票，累计票数超过10000。

活动在结束后被中国新闻网、福建东南网、中青网、台海网、搜狐网、福大新闻网、东方新闻网等多家网络媒体相继报道，并且被青春福大微信公众号、电气学院团委学生会微信公众号发表推文宣传，浏览量接近800，微博阅读量超过5000，并获大V转赞评，其中包括青春福建、青春福大、福州大学电气学院团委学生会等影响力博主。

（四）经验做法

以“青春心向党，建功新时代”为主题的团支部立项其特点主要为以下四点：一是活动内容紧扣时代主题，引导青年们提高思想道德水平，充分调动青年积极性，加大爱国主义教育力度，引领爱国情感触发。二是活动形式丰富多彩，运用新媒体工具进行线上线下同时开展。三是活动载体紧跟时代，运用微博、微信、QQ等自媒体平台及报纸杂志网络，增强活动影响力、生命力，以文字图片的形式记录点滴精彩。四是活动富有现实意义，提高青年的思想，激发青年的爱国热情。

三、工作感悟

活动为庆祝新中国成立 70 周年，弘扬“五老精神”，尊重“五老”，爱护“五老”，学习“五老”的初衷，以电影等影视媒体为载体、广大学生为主要群体，通过学生对影视中的红色经典进行剪辑、配音等二次艺术加工的方式，充分发挥同学们的主观性、创造性，使其置身于红色经典故事中，在思考中学习先辈的革命精神及爱国情怀。

活动主体形式为竞赛，在同学们参与的过程中能激发其对何为爱国、为何爱国、以何爱国的思考，从而营造健康积极向上的校园文化氛围，促使同学们更加努力地学习与奋斗，早日成为为国奉献的栋梁人才。同时比赛所用的红色经典影视资料能更生动、更全面地加深广大同学对红色文化的理解，进一步激发广大青年学子的爱国热情。

举办此类活动，需要注意在比赛的同时把活动意义放在首位，注重思想的传达，不要让活动变成一个无意义的“空壳”。主办方对于参赛选手的作品应该有所限制，确保同学们参与的同时也要对内容进行规整，不可出现“乱改”或与活动中心思想无关的内容。前期宣传、流程规划、现场布置，只有具体落实到每个环节，认真确认每个细节，才能确保活动想传达的思想能更好地传达到人们的心中。

作者：翁雨桐　福州大学电气工程与自动化学院 2018 级电气工程及其自动化一班团支部

解码朝气福大　共读青年篇章

一、支部简介

福州大学2017级信息管理与信息系统01班团支部由41名团员组成。团支部深入践行“不忘初心，牢记使命”的新时代主题，认真做实“三会两制一课”，积极建设智慧团建，并获得五星级团支部；同时支部积极推进班团一体化，增强团支部凝聚力，开展一系列支部立项活动，并获得福州大学经济与管理学院“团支部立项风采展最佳人气奖”“团支部立项风采展一等奖”“福州大学十佳团支部立项”等荣誉。

二、案例解析

（一）案例概述

为引领广大青年学子深入学习以爱国主义为核心的伟大民族精神，激励青年学子在主题教育中坚定信仰，牢记强国初心，团支部结合专业所学，开展以“解码朝气福大，共读青年篇章”为主题的团支部立项活动。

活动初期，团支部同学利用专业所学知识编写网页源代码，以及对延伸模块进行整合，打通域名服务器与互联网连通，利用网页介绍有关建国与五四运动的历史。同时，网页设有答题界面，由团支部同学收集有关国家历史、民族文化的问题，并嵌入网页中。活动当天，支部同学将网页界面打印成册，并将网页链接转换为二维码，通过线上线下同时宣传的方式，向广大群众介绍网页内容，并鼓励参与者积极答题，共同了解历史文化。

另一方面，由团支部同学使用python、Java等编程语言，编写具有特殊含义的程序代码，并将程序结果与对应代码以二维码的形式合并打印，展示在宣传板上。同学们通过扫码的方式解开代码中的程序结果，使二维码宣传板不仅富有新意，更能供参与者学习，借鉴其中奥妙。

（二）思路与理念

“一代人有一代人的长征，一代人有一代人的担当。”作为新时代的青年，当不断思考时代赋予的重任，不忘初心，牢记使命。在思想引领中，勇担历史使命，树立报国志向。在文化育人中坚定信仰，牢记强国初心。在历史潮流中传承红色精神，展现兴国历程。

团支部结合专业特色，以网页的精美形式传达对五四运动一百周年、新中国成立七十周年的祝福，结合专业编码的独特形式，顺应大数据时代背景，以新鲜元素展现新时代青年的精神风貌，在学有所长，术有专攻的基础上躬身实践，展现“不忘初心，牢记使命”的鲜明主题，既是一种传承，也是一代革新。团支部真正践行习近平总书记“要求真，求真学问，练真本领”的殷切期望，引领支部同学做起而行之的行动者、不做坐而论道的清谈客，激发一代青年学子的爱国情、强国志、报国行，争做圆梦新一代，建功立业新时代。

（三）工作成效

活动进行前期，支部同学全员参与到活动的开展中，利用专业所学知识，编写网页代码与特色代码图案，不仅丰富同学们的专业实践，而且充分展现支部成员的青春风采和精神风貌。

活动现场，新颖的形式吸引许多参与者投入其中，同学们把自己对祖国的祝福与对“不忘初心，牢记使命”的见解与团支部同学分享。活动不仅参与度高，覆盖范围广，更以青年的视角讲述新时代新思想，使其形象化、具体化、日常化，从而达到活动的实际效果，用特色方式有效宣传福州大学校园风貌及精神。

活动持续开展三个学期，得到中国新闻网、中华网、中青网、中华在线网、共产党员网、人民日报、搜狐、腾讯新闻、百度、今日头条等50余家媒体的报道，活动微博报道浏览量达18325次，微博被青春福大、青春福建、福州大学微博协会、福大经管团委学生会转载，QQ报道浏览量达1421次。

（四）经验做法

活动前期，由支委会讨论确定活动主题及活动流程，并做出活动策划，明确支委会同学的负责分工。之后开展团支部立项说明会，向同学们说明活动的主题流程及需要的人员安排，了解同学们各自的特长及解答同学疑问，并对活动策划中不合理的部分做出修正。紧接着，支委会根据同学们的特长，进行人员分工安排，明确完成的期限并及时进行跟进。

活动的准备过程中，主要存在几个困难：团员分工不合理、没有办法按时完成代码编写、代码的编写遇到报错无法解决、网页平台的搭建不如预期等。

遇到这些情况时，支委会要及时与同学们进行沟通，调整分工安排，及时与专业老师交流，寻求帮助。

在活动开展前，支委会同学要预先考虑可能会发生的状况，并做好前期准备和备用方案。

三、工作感悟

本团支部深入贯彻落实“不忘初心，牢记使命”的新时代主题，积极推进团支部基础团务建设，增强团支部的凝聚力、号召力。同时支部活动结合专业特色，将专业知识与支部建设相结合，充分调动团员参与积极性，参与率高、覆盖范围广、长效推进、重视宣传、主题鲜明，并具有活动成果实体展示，以实际行动展现新时代青年学子良好的精神风貌，带动广大青年为实现中华民族伟大复兴的中国梦不懈奋斗。

支部建设坚持规范性与创新性的结合，使组织生活富有趣味，贴近基层实际，有较强的思想性、政治性和时代性。活动可实践性强，同时具有较好的吸引力和感召力，既能展示团支部良好形象，又能使团支部成员普遍受到教育和启迪，具有可复制、可学习、可推广的意义。

建议支部同学继续坚持开拓进取的创新精神，积极与其他基层团支部交流建设工作中的好经验、好做法，切实履行团的基本职能和思想引领，带领支部同学深入学习新时代、新思想，知行合一，深入践行习近平总书记“要求真，求真学问，练真本领”的殷切期望。

作者：吴俊杰　福州大学 2017 级信息管理与信息系统 01 班团支部

新时代新青年　担大任展宏图

一、支部简介

福建师范大学旅游学院2017级旅游管理一班团支部紧密结合专业特色，创新开展“青担大任，创展宏图”HIFI思想节等团立项活动，先后获校“十佳团支部立项”、校“五四红旗团支部”和校自主学习马克思主义“先进班级”等荣誉。

二、案例解析

（一）案例概述

团支部开展“青担大任，创展宏图”HIFI思想节（以下简称思想节），以习近平新时代中国特色社会主义思想为指导，将习近平总书记“青年一代有理想、有本领、有担当”的殷切嘱托与专业实践、思想学习、志愿服务、创新创业和青年担当等多个主体内容深度融合，开展了四项系列活动：一是大学生志愿服务进乡村——文明旅游专场，结合暑期社会实践前往国家级田园综合体五夫镇和“两山理论”发源地余村等开展针对性调研及文明旅游志愿服务活动，以所学所识为乡村振兴献智慧和力量；二是“创造未来由我说”学术创新专家讲座，秉持“开放思维，理性论证”的钻研态度，邀请了多位旅游界专家与同学共商共议、共话未来旅游创新发展，了解前沿旅游学科动态，强化青年责任意识；三是唱响青春校园小型红歌路演，用草地音乐节和快闪的方式来唱响经典红歌，在歌声中回顾祖国发展历程，在歌声中将我们与祖国紧密相连；四是新思想新青年校园生存挑战赛，支部团员通过思想政治学习来获取破解游戏的线索，并完成指定实践打卡任务，将单一的思想政治学习转化为参与感强、传播度广、学习效果好的趣味活动。

（二）思路与理念

思想节活动以“做中学、学中思、思中研、研中新”为总思路，串联专业实践、志愿服务和创新创业三个重要模块，促进支部团员激发自身潜力，不断突破实现全面发展。突出青年一代的社会担当，强化支部团员问题意识，注重理论联系实践，以专业知识为基础，以志愿服务为载体，在助力乡村经济社会发展中强调青年责任担当，以期实现个人理想和社会价值。同时，团支部致力于设计富有创意性和趣味性的活动，提高团员参与积极性，切实增强其获得感和使命感，规避“走一走、听一听、看一看、拍一拍”的形式困境。

（三）工作成效

思想节活动开展以来，团支部锐意进取、奋勇拼搏，在多个方面都取得了不俗的成绩。在真学真信中坚定理想信念，多位支部团员荣获福建省“十佳文明游客”、福州市“幸福导游员”、校“优秀共青团干部”等个人称号；在勇于担当中修炼自我，支部学习小组成果颇丰，共获得了6项文化和旅游部2019年大学生团队实践扶持培养项目（2018年为文化和旅游部“万名旅游英才计划”）、4项福建省大学生创新创业训练计划（创新训练类）项目、6项校大学生创新创业训练计划（创新训练类）项目，发表学术论文4篇；在真抓实干中开拓创新，团支部连续两年荣获校“免监考班级”称号，并荣获校“十佳团立项”、校“五四红旗团支部”、校自主学习马克思主义“先进班级”和校“优秀班集体”等荣誉称号。

（四）经验做法

1. 多维联动，打造时代特色活动

团立项活动的主题、结构和内容设计，充分结合专业知识，着重突出活动本身的专业性、社会性、服务性、价值性、教育性和创新性，从而提高活动的质量和价值，赋予其深刻的时代内涵和意义，凸显当代青年的时代担当。联系实际工作，支部系统性地总结了团立项活动设计“宏观—微观”双中介模型，一方面从国家社会和群体个人对活动内容进行细致有效的指导，从根本的细节上使活动内容具有时代特色、创新素养和满足个体发展需求；另一方面从活动经验和专业知识方面来调节活动后期走向，使其与活动内容充分融合，四个维度在宏观和微观角度达成一致，从而保证其时代特色和创新素养。思想节的有效实践基本检验了模型的正确性和合理性，具有一定的参考价值。

2. 精准识别，促进全面优化升级

精准地识别支部成员的志愿服务胜任力是能够高质量开展志愿服务的宏观指导基础。团支部借鉴麦克利兰冰山模型，将班级同学的专业知识和技能归为基准性胜任力（志愿服务能力）和鉴别性胜任力（志愿服务态度），自我角色定位、心理认知与行为模式等归为鉴别性胜任力（志愿服务态度），构建“能力

—态度志愿服务胜任力框架”，将志愿者分为“有心无力、有心有力、无心有力、无心无力”四个群体，实现志愿能力精准识别，从而针对性设计活动，优化提升志愿服务的能力，发挥每一位同学最佳的志愿服务状态。

3. 积极协同，建立高效保障系统

时间是检验真理的唯一标准，好的活动创意需要积极的实践才能达到最佳的效果。首先，充分调动支部团员的参与意识，夯实活动开展基础；其次，提升支部委员会的组织协调能力，为活动开展保驾护航；最后，确保良好的研究总结环境，只有优质完成总结部分才能将活动的社会意义和价值进一步深化凸显。三方共同形成了活动方案实践的高效保障系统。

三、工作感悟

团支部以“做中学、学中思、思中研、研中新”为思路，有效将专业知识融入团立项工作，引导支部团员坚定理想信念，矢志不懈奋斗，以学识报效祖国，在团支部内形成了浓厚的志愿服务、科研氛围。

团支部构建的“宏观—微观双中介模型”“能力—态度志愿服务胜任力框架”两大理论模型，较为深入地研究了团立项活动设计中的方法创新和如何有效激发团立项活动个体参与积极性两大问题，在一定程度上解决了基层团立项活动中存在的参与度较低、流于形式等突出问题，对于其他团组织开展团立项活动具有很好的参考借鉴作用。

新时代，基层团支部如何通过团立项活动打破现有框架、注入新活力、展现时代特色，有效减少形式化、模式化、套路化的“应付式”活动，是值得深入研究的课题。以本团支部为例，基层团支部建设应着重突出专业性和服务性的融合共促，关注团立项活动承载的社会价值，从个体特征、活动内容、管理体系、激励机制、评价方法五个方面不断给予指导和改进。

作者：李文祥　福建师范大学旅游学院2017级旅游管理一班团支部

生态文明与时代同频 美丽福师携青年奋进

一、支部简介

福建师范大学生命科学学院2018级生物科学第一团支部由58名团员组成，团支委会由团支部书记、组织委员和宣传委员组成。支部于2018—2019学年以“生态文明与时代同频，美丽福师携青年奋进”为主题开展了系列团支部立项活动。此外，支部还开展了其他与文体、学习、专业技能相关的活动，以增强支部凝聚力，提升支部成员综合能力。

二、案例解析

（一）案例概述

习近平总书记在十九大报告中提出“加快生态文明体制改革，建设美丽中国”的任务。身为新时代青年，应积极响应习近平总书记的号召，跟随党的脚步，为建设“美丽中国”注入新鲜力量，因此，团支部以生态文明建设为切入点，开展了主题为“生态文明与时代同频，美丽福师携青年奋进”的团立项活动。活动由“识绿植，挂标识”“绘制花期地图”“编纂植物图鉴”“共育绿植，助力生态”等一系列子活动组成。支部成员从认识师大植物，到搜集、整理植物资料进行绿植挂牌，再到绘制“FJNU花期地图”和“植物图鉴”，最后号召师大学子一起集资助力生态保护，以青年力量守护和打造魅力福师大。支部以独特创新的活动方式来展现丰富多彩的师大植物，同时彰显和谐优美的师大生态，让支部同学在走近自然、感受自然的同时能为“美丽中国”献一份薄力，也呼吁广大青年与生态文明建设同频，与时代发展砥砺同行，深入践行“绿水青山就是金山银山”的生态文明理念。

（二）思路与理念

1. 支部牢抓“青年大学习”，引导支部成员深入学习习近平生态文明思想、牢固树立“绿水青山就是金山银山”的生态文明理念，制作“FJNU花期地图”

“植物图鉴”，在学习生态文明思想的同时学习巩固专业知识。

2. 支部紧跟时代发展，结合十九大报告中的生态热点，借助学院资源，发挥专业优势，通过制作“FJNU 花期地图”“植物图鉴”，向广大师生展示生态魅力校园，增强广大师生的爱校荣校感。

3. 支部借助校级媒体推广“FJNU 花期地图”，宣传生态文明理念，加强广大师生对校园生态环境的维护意识，呼吁广大师生共同建设美丽校园。

4. 支部看重立项的连续性，以支部成员参与大学习为基础，以开展立项活动为巩固，以推广应用立项成果为贯彻，以身体力行保护生态为实践，层层递进、环环相扣，使支部成员从中享受大学习，感悟新时代。

5. 支部注重自身建设，引导支部成员通过互帮互助、相互配合，增强团队合作意识与集体荣誉感，同时通过了解校园，使支部成员更快地适应新环境，更好地适应大学生活，体会到大学生活别样的精彩。

（三）工作成效

1. 通过立项活动深入学习生态文明理念、专业知识，支部的凝聚力得到增强，支部成员的专业素养、学习积极性得到提升。

2. 通过发放“FJNU 花期地图”“植物图鉴”，广大师生提高了对校园生态的关注度、自觉树立生态保护责任意识。

3. “FJNU 花期地图”在校级媒体的推广，充分彰显福师大校园的生态魅力，激起广大师生的赏花热潮，也为校园生态文明建设储备了一股新的力量。

（四）经验做法

1. 紧扣主题，从多个切入点策划活动，充分利用学院学校资源，使立项活动的开展更具有专业性、深入性。通过立项活动的开展，使“青年大学习”活动常态化、制度化、特色化。

2. 以理论知识的学习为基础，以多种活动形式为辅助，以多种途径展示立项成果。理论联系实际，让生态理念和专业知识具体化、形象化，在实践中得到大学习的乐趣，传递生态文明真理。

3. 践行第二课堂模式，让支部成员亲近大自然，借助师大魅力生态环境熏陶，影响支部成员，让支部成员在愉悦的氛围中成长。

三、工作感悟

本团支部同学在活动中能充分展现新时代大学生的创新精神，开拓性地制作花期地图，并由此展开相关活动，值得学习和传播。紧密联系专业知识。立足专业领域和所处环境，脚踏实地开展活动，不仅让同学们的理论知识在实践中得到检验、发展，而且通过活动传播生态文明理念，呼吁保护生态，具有实际意义。该团支部活动也紧扣生态文明时代课题，立足专业知识，理论联系实际，紧扣生态文明的时代课题，于细微处见真章，展现青年学生大学习的风貌。

未来，团支部将继续保持积极向上的大学习风貌，发扬创新精神，与时代同频共振。其中，“共享”理念有待进一步提高，建议借助新媒体力量，发挥新时代的科学技术作用，将优秀成果在更多平台展示，以期达到更佳的传播大学习、爱护生态的效果。

作者：马佳瑶　福建师范大学生命科学学院2018级生物科学第一团支部

依托专业成长　关爱特殊群体

一、支部简介

福建师范大学心理学院2016级心理学班团支部是一个积极向上、有志愿服务精神的五星级团支部。在全体支部成员的努力和参与下，支部先后荣获“福建师范大学十佳团支部立项”“福建师范大学五四红旗团支部标兵”及“福建省五四红旗团支部”等荣誉称号。

二、案例解析

（一）案例概述

支部结合心理学专业特色，聚焦流动儿童、监狱服刑人员、城市外来务工人员三类社会群体的心理健康，积极践行志愿服务精神，开展心理健康志愿服务活动。支部前往福州市前屿小学、福州市洪塘中心小学，为流动儿童群体建立个体档案；前往建筑工地，实地调查外来务工人员的实际需求；前往榕城监狱，与服刑人员进行交流，了解他们的心理困惑，开展心理疏导。

（二）思路与理念

为深入贯彻习近平新时代中国特色社会主义思想，落实党的十九大提出的“加强社会心理服务体系建设，培育自尊自信、理性平和、积极向上的社会心态”的要求，支部充分结合心理学专业学科特色，组建贴近社会特殊群体的心理健康服务志愿者队伍，开展科普宣传、心理支持、心理疏导等志愿服务。支部前往福建省榕城监狱、福州高新区大型建筑工地，关注服刑人员、城市外来务工人员群体的心理问题，普及心理健康知识，提升社会民众对心理健康问题的重视度，并且多次前往福州市前屿小学、福州市洪塘中心小学，为流动儿童提供家访、心理测量、建立个体档案等系列专业分析帮助。

（三）工作成效

支部关爱特殊人群心理健康的活动，体现了心理学专业特色，促使支部建设了一支凝聚力强、参与度高的大学生心理健康服务队伍。团员的参与积极性高，团员参与率高达100%。团支部成员普遍认为关爱特殊人群的系列活动有利于将所学知识应用于实际，弘扬专业精神，提高专业认可度，发挥辅助社会治理的作用。在支部成员的不懈努力下，支部先后荣获“福建师范大学十佳团支部立项”“福建师范大学五四红旗团支部标兵”及“福建省五四红旗团支部”等荣誉称号。

（四）经验做法

1. 立足专业，提前谋划，确保支部活动的专业性

支部立足心理学专业背景，开展针对流动儿童、服刑人员、外来务工人员为主体的志愿服务活动，邀请学院专业老师担任团支部活动指导老师，在活动前开展支部团员大会，让支部成员了解《“健康中国2030”规划纲要》《关于加强心理健康服务的指导意见》等法律规划中关于要求加强重点人群心理健康服务的相关内容，同时宣传心理健康支援服务活动的重要性。参加困境流动儿童个案管理讨论会，在讨论会上同福州市“兴未来”社区儿童发展中心的社工协助成员们展开关于流动儿童个案管理的培训及家访陪伴的跟进讨论，为团支部活动的开展提供专业支持，提高支部活动的专业性和科学性。

2. 全员参与，共同成长，确保支部活动的参与面

在团支部立项活动主题选择、主体确定和活动开展流程等方面面向团支部成员广泛征求意见和建议，在充分讨论的基础上，根据支部的实际情况，确定活动主题和活动内容，获得支部成员对活动开展的支持。在活动开展过程中，通过召开思想动员会、专题学习会、指导老师专题讲座等形式，不断提高团支部成员参与活动的积极性和主动性，确保团支部成员100%参与团支部活动。在流动儿童调研过程中，针对重点个案确定与个案一对一对接的支部成员，支部成员开会明确与个案一对一对接的支部成员名单。在福建省反腐倡廉警示教育基地，支部成员通过聊天等方式对服刑人员进行二对一的心理辅导，确保在支部活动中成员的全员参与。

3. 深入走访，知行合一，确保支部活动的教育性

支部成员按照团支部活动方案，深入实地调研，走访了福州高新区建筑工地、福建省反腐倡廉警示教育基地、福建省榕城监狱、福州市前屿小学、福州市洪塘中心小学，通过问卷和访谈的形式，结合专业所学，对不同调研群体的心理状况和需求进行了深入的调研和持续的跟踪。支部成员到小学进行校内流

动儿童心理健康基本调查，根据支部成员了解到的个案情况，对每个个案进行深入研究，制定个性化方案，并与指导老师进行个案探讨，确定后期心理辅导方法与方向，随后开展多次的陪护与疏导工作。在榕城监狱，支部成员了解监狱服刑人员包括人际沟通和亲子问题等近期困惑，促进服刑人员心理健康的和谐发展。在福州高新区建筑工地，支部成员就基本工作情况、生活需求、心理健康情况、社会保障制度了解程度及生活事件等方面进行访谈调查，多维度了解外来务工人员的真正需求，为将来的深度访谈与知识普及做前期准备。

三、工作感悟

本团支部积极关注国家政策，响应时代号召，结合专业学科特色，组织、引导、团结支部成员关注特殊社会群体心理健康问题。通过组建一支贴近社会特殊群体的心理健康服务志愿者队伍，支部开展科普宣传心理健康知识、心理支持、心理疏导等志愿服务，提升民众对心理健康问题的重视度，为促进社会发展贡献智慧和力量。

在活动期间，支部成员参与积极性和实际参与度都很高，在实践中传播心理文化。福建省榕城监狱的服刑人员、福州高新区大型建筑工地的外来务工人员、福州市洪塘中心小学及前屿小学的流动儿童，关注这三类特殊人群不但能提高成员专业素养，提升专业认同，而且有利于做好心理健康知识和心理疾病的科普工作，深入对心理健康问题的实用性研究。

作者：陈婧怡　福建师范大学心理学院2016级心理学班团支部

凝聚青春力量　闪耀青春光彩

一、支部简介

为进一步加强团基层建设，提升团组织力，做好传承和创新的引领示范作用，福建农林大学金山学院团委，以校园吉祥物“彼小星”为载体，于 2016 年成立福建农林大学金山学院“彼小星”团支部，现共有团员 30 人。在近三年的活动中，“彼小星”团支部积极探索“彼小星 +”新模式，以习近平新时代中国特色社会主义思想为指导，健全团的“三会两制一课”制度。以夯实组织基础，推进团基层建设，提升团组织活力为目标等取得众多优秀成果，在学院的共青团工作中起到了榜样示范的作用。

二、案例解析

（一）案例概述

为进一步学习、宣传、贯彻习近平新时代中国特色社会主义思想，在全院上下掀起一股“青年大学习”的学习思潮，“彼小星”团支部从迎新期间就围绕“不忘初心 牢记使命”的主题，策划开展“我与祖国共成长”金山青年说分享会，并于 2019 年 10 月 19 日在校大礼堂顺利举办。活动以“我与祖国共成长”为题，以学校先进人物引领教育活动为背景，将习近平总书记对青年系列重要讲话精神贯穿始终，通过金山好故事、金山好榜样，面向 2019 级全体新生集中开展一次榜样力量学习分享会。活动覆盖面广，参与人数达 1500 余人，活动反响良好。

（二）思路与理念

“彼小星”团支部以学校先进人物为模范，以国旗情缘、青春实践、科技创新为背景，挖掘身边的金山好故事，树立金山好榜样，让“彼小星”团支部全体团员学习、领会校园先进人物的精神与品质。此次活动设计了三个篇章：“五星红旗——用行动告白祖国”“青春实践——用行动助力发展”“科技创新——

用行动践行梦想”的内容。团支部邀请了学院国旗护卫队成员代表、优秀社会实践团队代表、科技创新实践代表并围绕“爱国、励志、求真、力行”四方面分享心得与体会。在第一篇章中，通过国旗护卫队的成员们讲述国旗有关知识，呼吁同学们认真学习、了解国旗法，将爱国之心付诸行动，并在新中国成立 70 周年之际燃烧起心中的爱国激情，与祖国共成长共进步。在第二篇章中，实践队的成员们提倡大家积极参与社会实践活动，走出校园、走进乡村、走进企业，通过实践增强自己的社会责任感，感受下乡实践中的温度，在实践中长知识、长才干、长本领，用青春活力助力乡村的发展。在第三篇章中，学长、学姐们倡导同学们在大学期间好好学习专业知识，用实际行动成就梦想，搞好科技创新，成为社会栋梁之材。分享会的现场还邀请到了 7 位新生代表分享关于“学习时代楷模 争做榜样先锋”的心得体会。作为当代有志青年，不仅要展现新时代青年的精神风貌，还要立鸿鹄志，做奋斗者，做到知行合一，做实干家。在新时代的征程中，要敢于有梦、勇于追梦、勤于圆梦，为伟大复兴的中国梦而不懈奋斗。

（三）工作成效

“彼小星”团支部开展的此次分享会活动，不仅能够让先进人物引领教育，以促教育朝更好方向、更高目标前进，从而落实立德树人的根本任务，而且能够进一步激发“彼小星”团支部成员爱国、爱党、爱校，以立德树人为根本，以强农兴农为己任，以新担当、新作为建功立业新时代的热情，为实现中华民族伟大复兴的中国梦做出自己应有的贡献。此次分享会受到福建省教育厅报道，活动覆盖面广，参与人数达 1500 人，推出《“我与祖国共成长”金山青年说》记录视频 1 部、《唱响国歌 点赞祖国》MV 视频 1 部。

（四）经验做法

“彼小星”团支部于 2019 年暑假期间开始构思和策划活动，活动内容以习近平新时代中国特色社会主义思想为指导，注重通过挖掘、寻找身边的金山榜样和金山故事，影响、感染 2019 级新生。团支部全体成员积极参加，精心排练《我们都是追梦人》的歌舞。同时，在分享会中，还邀请其他团支部的成员表演歌曲《红旗飘飘》、舞蹈《希望的田野》、情景表演《追光者》，为分享会增添不一样的色彩。最后全场人合唱《我和我的祖国》，将现场的氛围推上高潮，悠扬柔美的旋律再次点燃在场师生与祖国共成长、与祖国共奋进的决心。该活动的开展，不仅提高了支部团员共同参与活动的积极性，还增强了成员们的爱国爱校情怀，鼓励团员用自己的实际行动参与团支部的建设。支部以身作则、身先士卒，带领其他团支部成员一起成长，从而进一步加强了团支部的组织凝聚力。

三、工作感悟

该活动不仅加强了支部内部的沟通和联系，促进支部的发展和建设，而且让2019级新生从“爱国、励志、求真、力行”方面了解如何做好一名金山学子。该活动是学院贯彻落实开展先进人物引领教育活动、落实立德树人根本任务的一项举措，他们通过分享会的形式，进一步激发师生爱国爱党爱校的情怀，弘扬爱国主义精神，明确以立德树人为根本，以强农兴农为己任，以新担当新作为建功立业新时代，为实现中华民族伟大复兴的中国梦做出自己应有的贡献。活动成效良好，得到了福建省教育厅的报道，并且得到了很多新生的认可和肯定。学院团委不仅在活动的经费和活动的策划中给予了支持，同时，也将本团支部的活动作为典型案例，在新生团支书培训班中，进行分享和讲解，以鼓励更多基层团支部能够积极开展班级团建工作，提升班级团支部的活力，加强班级团支部的基础建设，凝聚青年团员，夯实组织基础。

作者：蔡建文　福建农林大学金山学院“彼小星”团支部

祖国峥嵘七十载　五四精神百年传

一、支部简介

福建农林大学资源与环境学院 2017 级环境工程 2 班团支部，自成立以来支部成员积极参与，时常对支部活动开展提出建设性意见，在全体同学的付出下，团支部连续两年被评为五星级团支部。

二、案例解析

（一）案例概述

此次“祖国峥嵘七十载 五四精神百年传”主题团立项活动以“时代青年向前看，理论知识记心中”“访身边典型，品五四精神”两个主要活动展开。

“时代青年向前看，理论知识记心中”主要采用竞赛、短视频形式进行理论知识学习。前期全体团员通过福建共青团公众号，进行每周一期的“青年大学习”微团课学习活动，紧跟党的步伐，学习最新的理论知识，了解党的工作动向，并及时完成学习任务。活动开展前，由支部委员整理此次知识竞赛题库，下发到班级群共享，供成员们参考学习。以前期理论知识学习为竞赛基础，现场随机将参赛成员分为 3 人一组，进行分组自选答题及抢答，最后根据小组最终分数，择出前三组，邀请获奖小组分享近期的学习心得及获奖感受。

“访身边典型，品五四精神”以团课及采访青年典范的形式开展，邀请了资源与环境学院辅导员张龙为主讲人，进行“当代青年如何弘扬五四精神”的主题团课学习。“五四青年在身边”人物专访则由采访人员分为两个小组进行采访：一组采访 1997 届农业资源保护专业的毕业生吴学钦；另一组采访 2008 届农业资源与环境专业的毕业生郑豪英。采访结束后，与被访人合影并及时将采访内容形成人物专访稿。

活动后期，团支部组织撰写活动报道稿及推文，上交至学院团委公众号管理员；整理视频素材，并剪辑成一个完整的微视频；用班级 QQ 发布宣传团课及团课总结；各采访小组将采访内容形成人物专访稿，由支委会成员审稿并整合成一篇，评选组整理成员投稿，并评选出优秀作品，发布至 QQ 群公示，供成员学习参考。

（二）思路与理念

为庆祝新中国成立 70 周年、五四运动 100 周年，支部加强成员对“五四精神”的内涵理解，推进实现习近平新时代中国特色社会主义思想中对青年的殷切希望，响应全党“青年大学习”的号召，团支部以学生喜闻乐见的方式激发在校大学生学习马克思主义理论知识的兴趣和热情，提升思想政治教育的亲和力和针对性，加强支部思想建设，增强支部成员对团章、党章的理论知识学习。以身边人物为学习目标，旨在让支部成员切实感受典型青年的优秀品质，从他们身上找到闪光点，学习他们所传递的五四精神、爱国主义精神，从思想上贯彻党的行动指南，向党组织靠拢。基于以上思路与理念，资源与环境学院 2017 级环境工程 2 班团支部特此举办此次团支部立项活动。

但如何调动同学们的积极性，让支部活动变得生动有趣、深入人心是此次活动构思的一个难点。为此，团支部召开了一次支委会，重点讨论此次团支部立项活动的人员分配、开展形式、奖惩方式及此次活动预期达到的效果，最后确定分别以小组知识学习竞赛、开展团课学习及采访青年典型的形式进行，寓教于乐，让同学们在班级比赛中增进对马克思主义理论知识的理解，在良性竞争中使理论知识深入人心，而身边青年典范也能让同学们深入了解他们对于五四精神的理解，从思想上跟进党、追随党。

（三）工作成效

1. 激发了同学们对于马克思主义理论知识的了解，加强支部思想建设，提高青年团员的文化素养，使理论知识深入人心。

2. 小组竞赛促进了支部成员的团结，同学们通过良性竞争对习近平新时代中国特色社会主义思想有了更深的理解。

3. 针对“当代青年如何弘扬五四精神”，邀请辅导员为同学们上一堂团课，呼吁同学们争做中国特色社会主义事业的合格建设者，提升同学们身为新时代接班人的责任感与使命感。

4. 通过对青年典型的采访，使同学们进一步感悟身边的优秀青年对于五四精神及爱国主义的理解，从思想上贯彻党的行动指南，向党组织靠拢。

（四）经验做法

1. 采用竞赛、短视频形式进行理论知识学习，加以适当的奖励制度，寓教于乐。

2. 运用微信公众号、QQ空间、微视频等新媒体进行宣传，图文并茂，宣传力度更大。

3. 选取的学习对象均为青年典型，且与支部成员关系密切，打破支部成员与青年典型的距离感。

三、工作感悟

此次团立项活动，形式多样，内容丰富，通过紧张刺激的知识竞赛和采访先进青年典范两种形式，将党的理论知识和精神贯彻到实处，落实到每个人身上，让大家在活动中有所收获，在思想上有所进步。

此次团立项活动可学习性和借鉴性强，例如，活动的宣传总结能够结合微信公众号、短视频等新媒体手段，使得宣传范围更广，让理论知识的传播搭上科技的高铁。知识竞赛的形式能够刺激起同学们的学习欲望，知识竞赛的内容就来自于日常的“青年大学习”中，形成良性互动，同学们在认真观看青年大学习的同时学到了知识，再参加竞赛，让理论知识得以巩固。竞赛采取适当的奖惩制度，以最简洁的手段调动班级团员的积极性，使大家更主动、更自觉地参与进来，活动以三人一组团队形式开展，培养了大家团体协作意识。采访的青年典型都是优秀的学长学姐和老师，同学们平日里可能听过他们的事迹，但言传不如身教，通过对优秀学长学姐和老师的采访，同学们加深了对他们的了解，聆听他们的教诲，学习他们的经验，努力向党组织靠拢，从优秀青年典范身上汲取力量，争做新时代优秀农林大人，争做新时代优秀青年！

作者：刘舒晴　福建农林大学资源与环境学院2017级环境工程2班团支部

志愿于心服务于行　不忘初心砥砺前行

一、支部简介

福建医科大学医学技术与工程学院2017级四年制康复治疗学团支部自2017年以来，积极响应党中央和团中央的号召，胸怀理想、脚踏实地，努力发扬志愿服务精神，用实际志愿实践，践行社会主义核心价值观。团支部有53名团员，自2017年以来开展了多次团日志愿服务活动，平均一年举办志愿活动7～10次。团支部的青年志愿者在为人民服务、为社会服务的活动中，胸怀理想、锤炼品格、脚踏实地、艰苦奋斗，不断书写着奉献、青春的时代篇章。

二、案例解析

（一）案例概述

梦想从学习开始，事业从学习起步，福建医科大学2017级四年制康复治疗学团支部自2017年以来举办了多项独具专业特色的高质量志愿服务活动，以下将作为案例的团日、志愿服务活动进行概述。

1. 康复理疗站

每年的秋冬季，福建医科大学举办校运动会时，在操场边上总少不了康复理疗站的影子。

团支部与全日康公司达成协议，获得了全日康公司赞助的理疗仪器，如中频治疗仪、红外线照射灯等，这些设备在运动会期间发挥着举足轻重的作用。活动前期，支部在校内外粘贴海报进行宣传、分发宣传扇，也吸引了电视台记者的前来采访。

2. 妙峰山和圣泉陵园爱国主义教育实践基地

此志愿服务活动由福州市妙峰山陵园有限公司、福州市圣泉陵园有限公司和福建医科大学康复治疗学系共同承办。团支部与陵园方面已有多年合作，清明节假期的3天，支部会派遣青年志愿者前往进行志愿服务。

除此之外，由于妙峰山陵园有烈士陵园，团支部也会组织进行爱国主义教育主题学习，志愿者前往妙峰山烈士墓，聆听讲解员介绍悠久的英雄历史。

3. 重阳节志愿服务活动

2018 年团支部的重阳节活动在福州市仓山区的金山社区进行。此次活动创新性地以 PPT 形式进行了关于老年人如何科学地、有效地保护膝盖的知识普及宣讲。志愿者们通过抽奖的游戏形式，赠予参与活动的老人们礼品，让老人们乐在其中。

此次活动得到了学系专业老师、学院领导老师的高度重视，老师们也随同志愿者前往社区观摩、参与，并对此次志愿服务活动做出了高度评价。

2019 年，该活动志愿服务范围扩大到三个不同社区，参与志愿服务活动的青年志愿者人数也增加了 2 倍，在 2019 年共有近 60 人前往三个社区进行志愿服务活动。其中，在每个社区都进行健康知识宣讲、老摇滚（由学系教师裴骏指导下完成的一款功能训练仪器）宣传介绍和 OT 作业训练泥操作教学、健身八段锦或手指操的展演教学等。

（二）思路与理念

1. 依托学系专业背景，进行志愿服务

在开展志愿服务的过程中，团支部的志愿者结合传统康复治疗方法和现代康复技术，遵循个体化原则和安全第一原则，为老弱病残者提供科学、可靠、专业、全面的医疗保健服务。在学系专业教师潘燕霞教授、林诚副教授指导下，青年志愿者在校运会康复理疗站为运动员提供电疗、声疗、磁疗、光疗等物理因子治疗服务；在养老院为老人进行传统康复保健服务，如耳针、按摩、开展传统体育教学等。

2. 以人为本，重视对病伤残者的人文关怀

中国残疾人联合会发布的数据显示，目前我国残疾人总数超过 8500 万。尽管残疾人数量众多，但由于社会环境的诸多不利因素，残疾人在社会生活中往往得不到应有的人文关怀。因而，在进行志愿服务的过程中，青年志愿者以人为本，尤其重视对病伤残者的人文关怀。

（三）工作成效

团支部开创了许多具有专业特色的志愿者活动。例如，在福建医科大学校运会期间，组织设立康复理疗站；清明节期间，在福州市妙峰山和圣泉陵园为前往扫墓的市民提供简易的医疗服务，组织前往烈士陵园观摩学习，建立爱国主义教育实践基地；在全国助残日、全国高血压日、重阳节等特殊节日期间，下养老院、护养中心、社区康复中心等地进行医学知识的宣讲普及等。

青年志愿者依靠在校所学的专业知识和技能，在确保安全第一的原则之下，在实践中磨炼自己，也为服务对象带去及时、稳当、贴切的帮助。

（四）经验做法

1. 发扬创新精神，继往开来、推陈出新

秉持着“唯创新者进，唯创新者强，唯创新者胜”的信条，每年的志愿服务活动较往年都有所不同。例如，重阳节的志愿服务活动，在2017年，仅是组织青年志愿者前往养老院义务打扫、发放医学知识宣传单和宣传扇等；而在2019年，重阳节的志愿服务的地点范围拓展到安泰、晋安、上古三个社区，并在每个社区都进行知识宣讲、老摇滚宣传介绍和OT作业训练泥操作教学、健身八段锦或手指操的展演教学等。

2. 结合自身专业特点，为民服务、互惠双赢

支部在设计每一次的志愿活动时都注重实效性和操作性，确保志愿服务是实用的，能使社会和民众受益的，利用自身专业去服务社会，为老弱病残人士服务，让实践志愿做到落地有声，而不是摆“花架子”；同时，在服务中也检验了支部成员的学习成效，让成员意识到学习实践的重要性和紧迫感。因此，这种活动起到了互惠双赢的作用，受到团员们的接受和喜爱。

三、工作感悟

“志愿于心服务于行，不忘初心砥砺前行”主题团日活动，以弘扬志愿服务精神、践行社会主义核心价值观为目标，为人民、为社会服务。该项案例内容丰富，“康复理疗站”与专业紧密结合，支部成员充分发挥专业特长，服务校园师生；“妙峰山和圣泉陵园爱国主义教育实践基地”弘扬爱国主义精神，将爱国主义教育与志愿服务相结合，履行团的思想引领、成长服务两大核心义务；“重阳节志愿服务活动”弘扬我国尊老敬老的优良品德，展现我校医学生的人文关怀。本团支部依托医学专业背景，结合志愿服务项目，开展富有特色、学生广泛参与的团日活动，兼具教育性、专业性、独特性。

（一）推广价值

本团支部积极营造品牌志愿服务活动，依托专业特色，力求凸显专业性、创新性，努力践行社会主义核心价值观。本团支部作为医学院校的基层团支部，在开展团日志愿活动方面具有出色经验，脚踏实地地为民服务，许多经验值得推广，可供省内外高校基层团支部开展活动提供借鉴和参考。

（二）思考建议

未来团支部还有许多开展全新的、立体化的团日志愿活动的机会，因此

希望能够在现有的优良基础上，不断推陈出新，发挥自身特色和优势，结合专业技能与志愿实践，切实做到干在实处、走在前列，争做模范化的基层团支部，为各院校的基层团支部做一个优良的表率，更好地为人民服务、为社会服务。

作者：朱宇翔　福建医科大学2017级四年制康复治疗学团支部

勇立时代潮头　奉献青春力量

一、支部简介

福建中医药大学2017级药学乙班团支部由56名团员组成。支部积极开展各类活动，致力于学习贯彻习近平新时代中国特色社会主义思想及党的十八大、团十八大会议精神，弘扬社会主义核心价值观，调动团员参与的积极性，展示团支部良好形象，使团支部成员受到教育与启迪。

二、案例解析

（一）案例概述

为引导青年学生扎根社会大地，了解国情民情，以青春奋斗助力乡村振兴，以青春之力唱响逐梦之歌，上好一堂最大的国情思政课，2017级药学乙班团支部结合暑期“三下乡”社会实践，开展2019国情思政主题团日活动，立足专业优势，师生共同参与，主动发声发力，用实际行动诠释当代青年的责任与担当。

结合青年红色筑梦之旅、福建共青团“人民墙绘　乡村振兴”等专题行动，依靠学院专业技术力量，师生一道积极投身“三下乡”暑期社会实践。支部团员走进柘荣、政和、平潭三地，到访农户家指导科学种植，为山区扶贫致富提供了实质性的帮助；团员们走访老党员，学习革命精神，到革命旧址参观学习，谨记福建红色文化，将红色精神植根于心；在经济综合试验区，支部成员切实感受祖国发展变化，抒发爱国情怀，用青春七彩颜色，描绘国家兴盛蓝图。此次主题团日活动成果先后获得省级、国家级等相关奖项。

（二）思路与理念

主动响应组织号召，根据上级团组织等部门文件精神要求，利用暑期社会实践，组织动员班级同学参与国情思政主题团日活动，结合各类主题、专题活动，如人民日报数字福建“彩绘美丽乡村”、文明校园与乡村学校少年宫共建专题活动、青年红色筑梦之旅等，引导青年团员扎根社会大地，上好这堂最大的国情思政课。

（三）工作成效

支部共申报八支队伍，超半数团员参与其中，共有四支队伍获得立项，广大团员在活动中提高了社会实践能力，得到锻炼。

团支部开展的多项活动在人民日报、东南网、福建中医药大学官微等网络媒体上进行了报道，发布微信微博数十条，获得社会各界广泛的关注与认可。活动成果先后获得省级、国家级奖项。例如，团支部开展的政和县洋厝村人民墙绘获人民日报数字福建“人民墙绘短视频大赛”最佳导演奖；赴宁德柘荣社会实践团员，同时也是“参植大地，致富参农”青年红色筑梦之旅创业项目创业成员，获2019福建省“互联网+”创新创业大赛金奖、精准扶贫奖，第五届全国“互联网+”大学生创新创业大赛银奖；福建中医药大学药学院“振禾农”赴政和县助推科技、文化、健康深度扶贫理论普及宣讲团拟推荐2019年福建省大中专学生志愿者暑期“三下乡”社会实践活动优秀队。

赴柘荣、政和、平潭开展社会实践，其中赴柘荣实践队伍成员为“参植大地，致富参农”青年红色筑梦之旅项目主要成员。师生一道前往柘荣县英山乡开展创业精准帮扶，走访医药企业，走进田间地头，调研了解中药种植的情况与当地扶贫工作取得的成效，进行科学种植技术的指导，团员们积极投身科技支农，为精准扶贫注入青春力量；到访柘荣第一个党小组会址学习体验，走进党建文化，深刻体会党组织伟大的革命精神，使党组织的新生力量在实践中更加贴近党组织；走访老党员，传递温暖，解读十九大精神，不忘初心，勇担使命。

团员们走进省级“美丽乡村示范村”北港村，感受美丽乡村魅力，与政和县洋厝村进行合作，开展“人民墙绘，乡村振兴”墙绘活动，用彩绘描绘出一幅现代农村新风貌；积极助力乡村振兴，调研当地覆盆子种植采收情况，并为来年覆盆子销售方式主动建言献策；关爱留守儿童，开展心理团辅，开展中医药文化宣讲，给孩子们带去欢声笑语。

（四）经验做法

1. 紧跟时代步伐 勇立时代潮头

习近平总书记在全国高校思想政治工作会议上强调：“社会是个大课堂。青年要成长为国家栋梁之材，既要读万卷书，又要行万里路。”支部紧密结合上级团组织等各级部门的文件精神要求，由班级团支部制定主题团日活动方案，重点发挥党员同志的先锋模范作用，由团支部学生党员负责确立立项内容，开展专题立项研讨，动员团员主动加入，发挥有效号召力，并踊跃申报立项。

2. 发挥专业力量 师生同心同行

为发挥学院专业技术专长，学院党委重视支持，加强统筹协调，组织专业教师带队参与，前后共计10多人次，前往政和县、洋厝村、下园村、英山乡等实地指导调研。师生同心同向，不仅做好活动内容与技术指导，而且认真带领支部团员实地授课，融专业教育于这堂国情思政课中，同时还做好成果转化等工作。

3. 总结经验成果 广泛开展宣传

团支部认真总结实践经验，广泛开展宣传，切实用好微信、微博、易班、大学生在线等校园网络传播平台，充分展示活动成果，积极营造良好氛围，引导青年学生向团组织、党组织靠拢看齐，激励广大共青团员投身实践创新活动，吸引社会各界的关注与支持。

作者：张美铃　福建中医药大学2017级药学乙班团支部

普法剧展进基层　青春共筑法治梦

一、支部简介

闽南师范大学法学与公共管理学院2017级法学（2）班团支部是一个政治立场坚定，积极向上、团结友爱、热心社会服务的集体。近三年来，在校团委和学院团委的指导下，经过全体团员的共同努力，团支部顺利开展近十场普法情景剧进基层活动，发挥法学优势打造支部品牌。

二、案例解析

（一）案例概述

团支部以“勇于创新，敢于挑战”为宗旨，深入贯彻法治精神，提高支部成员凝聚力，实现专业知识和支部活动的有机结合。团支部在多次实践和探索后，形成了以普法情景剧为主要形式的一系列活动。普法情景剧是以大学生身边常见的小事为例，结合自身所学专业知识，由学生自编自导自演，通过情景再现的形式进行释法说理，将法治宣传形象化和生活化。支部结合法学专业优势，由支部成员自编自导自演普法情景剧，并将普法情景剧带进乡镇、社区和基层中小学。普法情景剧展演活动的开展既提升支部成员社会实践能力，又弘扬了社会主义核心价值观法治思想。展演活动得到了中国新闻网、闽南日报、东南新闻网等多家新闻媒体广泛报道。

（二）思路与理念

法治是社会主义核心价值观的基本要素之一，为引导支部成员更好地践行社会主义核心价值观，切实增强团员自身思想素质建设，提高团员实践能力，团支部积极探索支部活动新形式，结合所学专业优势，开展普法情景剧入中小学校、下乡、进社区等活动。

按照“以普法情景剧为载体，弘扬社会主义核心价值观”的活动理念，在专业教师和辅导员的指导下，团支部精心组织、认真筹划，把支部成员自编自导自演的情景剧带进基层中小学、社区进行展演。普法情景剧活动把团员践行社会主义核心价值观、丰富校园文化生活、参与社会实践及志愿服务有机地结合在一起，不断提升实践育人的成效。

（三）工作成效

近三年来，依托学院法治漳州研究中心平台的支持，团支部的普法情景剧作为普法的专业展台，为漳州各县市中小学校近千名师生举办了近十次专场展演，开展普法情景剧进基层社区4次，开展“12.4”国家宪法日活动2次，取得了一定的成效。

一是提高了支部成员的思想素质，增强了法治意识、社会责任意识，在践行社会主义核心价值观方面成效显著。培育和践行社会主义核心价值观的理念始终贯穿普法情景剧的始末，通过两年多的实践积累，锻炼了支部成员组织、协调、沟通能力，有效增强了支部成员服务社会、施展才华的积极性，帮助团员树立正确的人生观和价值观，强化了团员的社会责任担当意识，坚定了团员的社会主义法治信仰。

二是创新支部活动形式，增强支部凝聚力效果显著。在开展普法情景剧活动的过程中，支部成员之间越来越熟悉，配合也越来越默契，支部成员“融法于剧”，全身心投入角色的演绎，加之道具的布置及配乐的渲染，生动形象地传达各个情景剧的深刻含义。支部的凝聚力就在一幕幕的情景剧表演中逐渐增强。

三是打造了一批普法情景剧品牌剧目。在两年多的普法情景剧的编排和演出活动中，团支部坚持原创，打造出了一批具有专业特色的经典剧目，《连心肉》《社会下的一角》《二胎风波》《收起你的拳头》《拒绝沉默》《规矩》《包公现代审案》等作品在各中小学校及社区的巡回演出中赢得了观众们的热烈欢迎和赞赏。

四是获得新闻网络媒体广泛报道。中国新闻网、闽南日报、东南新闻网等多家新闻媒体对支部开展普法情景剧展演活动进行报道，充分肯定了支部的普法情景剧在法治宣传教育方面所发挥的作用。

（四）经验做法

一是紧跟时代发展步伐，创新团支部活动形式。积极探索运用新媒体等形式开展法制知识宣传，扎实做好线下的“普法情景剧”“法制小剧目”的编演，开展好特色宣讲与展演，为校园以及社会普法贡献青春力量。

二是紧密结合专业特色开展支部活动，把支部活动带进支部成员的学习生活中，增强支部成员的参与感，充分发挥支部成员的主观能动性和实践能力，打造专业实践特色品牌项目。

三是普法情景剧取材于时事热点或社会问题，如预防诈骗、抵制校园暴力、空巢老人等，贴近民众生活，引起民众的情感共鸣，寓教于乐，让法治精神深入人心，潜移默化中提升民众的法治素养。

四是依托法治漳州研究中心平台，借助平台优势，为支部成员服务社会提供施展才华的舞台。

五是运用网络新媒体推广普法情景剧，扩大支部活动的影响力。

三、工作感悟

本团支部自编自导自演开展普法情景剧活动进中小学校、社区活动，展示了法学专业团支部的良好形象，创新了团支部活动形式，团员参与率高，增强了团支部的凝聚力和战斗力。在协同实践育人方面，构建高校团干、专业教师、校外专家协同育人模式。在活动载体方面，依托学院专业实践平台，紧密结合法学专业实践，支部活动的开展为普法宣传注入了活力与创新，提高了支部成员社会服务的能力。

同时，本团支部在工作中逐步建立完善的工作流程体系，将团员的思想引领和星级团支部创建工作融入普法情景剧开展的各个环节，进一步将活动和团支部志愿服务、宣传工作相结合，形成支部工作品牌。

作者：施锦然　闽南师范大学法学与公共管理学院2017级法学（2）班团支部

坚持“自”模式 促进知行合一

一、支部简介

福建工程学院材料科学与工程专业1701团支部现有27名团员。为进一步深入学习习近平新时代中国特色社会主义思想，针对团支部学习的表面化、肤浅化、与实际相脱节的情况，材料科学与工程专业1701团支部决定创新学习模式，围绕实践活动，深化学习效果，将理论学习与实践活动结合起来，取得良好效果。

二、案例解析

（一）思路与理念

1. 深化理论学习是基本前提。切实引导青年听党话、跟党走的政治任务，既是团的基本工作，也是广大团员的基本责任与义务。加强基层团组织建设，唯有深化理论学习，引导广大团员形成坚定科学的马克思主义信仰，才是开展基层团组织工作的基本前提。

2. 推行模式创新是根本保障。利用网络平台使学习和工作有机融合，改变单纯理论学习方式，弥补了理论学习的单一形式，有效推进理论与实践相统一。

3. 坚持学习与实践相结合。引导青年团员带着知识在实践中进行积极的探索活动，通过配套的实践活动来检验自身的思想与认知，同时在实践活动中解放思想、实事求是、与时俱进，开展充满理性的创新活动，促进学习与实践的正循环。

（二）工作成效

1. 团组织的学习能力不断提升。通过引导与创新，广大团员学习能力与学习自觉性不断加强，“青年大学习”参与率达到了100%，团支部活力不断增强——团支部成功升级为星级团支部。支部团员学习积极性明显提高，理论学习深度明显加深，支部团员递交入党申请书比例较其他支部高出10%，并辐射带动其他支部提升学习能力。

2. 团组织的执行能力不断增强。通过引导与创新，提升了学生团员的执行能力和决策能力，以及团组织的凝聚力。团支部开展活动整体出勤率较之前提高 12%，学员满意度达 100%。

3. 团组织的服务能力不断提高。通过引导与创新，提升了团员的服务意识与服务能力。团支部先后组织帮扶 12 位学习困难生加强学习，这些学生成绩挂科率下降了 21%，其中有 3 位同学获得成绩进步奖。

（三）经验做法

1. 深化团员理论学习是团组织建设的基本前提。支部通过网络和集中学习的方式，先后组织了贯彻学习党的十九大、团的十八届三中全会会议精神及“学习贯彻习近平总书记系列讲话精神”等 10 多场学习会议。同时开展关于《红色家书》的读书交流会，举办习近平语录的书法大赛，团员也积极参加学院举办的党团知识竞赛，红歌合唱比赛。通过划分学习小组，在 QQ 群讨论组下设“习近平新时代中国特色社会主义精神”“不忘初心，牢记使命”“习近平精彩话语摘编”三个专小组进行学习与交流，提高对理论学习的兴趣和效果。

2. 要与时俱进、推动工作网络转型，方式创新。一是把网络科技有机地融合到团组织建设的全过程，团支部除了在青年大学生上开展学习之外，还先后开通了团支部微信群、QQ 群、团支部官方微博，通过网络平台管理的长效机制，定期发布理论学习热点与话题讨论，实现互动式学习，打破传统学习的单向传播，形成了学习的共同体与辐射圈。二是团支部团员通过自学、集中学习、在线访谈、微型团课等方式，采用线下线上学习，自学和集中学习结合构建学习网络。团支部团员通过自学，先后提交思想汇报、心得体会近 100 篇，通过微信、微博进行讨论交流 40 多次，集中学习近 10 次，并通过团支部的示范带动作用，初步形成团支部学习辐射圈与“两线”（线上学习、线下学习）网络学习平台。

3. 要领导青年团员增强自控力、主动发展自己。团支部关注学生的全面发展，注重支部整体建设与群体约束力，主张调动团员的主观能动性来推动组织进步，再以组织的进步来带动全体团员共同进步。支部先后开展了团员结对子活动，团员素质拓展培训、批评与自我批评等系列活动，建立“优秀团员示范站”。通过激励机制激发广大团员的积极性，提高学习主动性，贯穿以学习促发展的主线，实现学习型团支部的跨越式发展。

4. 要坚持知行合一来提升团支部活动的内在动力。

（1）历史与现实相结合。基于学习党的历史和革命历程的理论需要，支部开展了多次“红色之旅”实践活动，其中包括在清明节前往烈士陵园缅怀先辈、参观福建省档案馆、马尾船政博物馆等。这种历史与现实相结合的学习活动，深化了支部团员对历史和现实的认识。

（2）学习与服务相结合。支部开展了诸如到福利院慰问老人、盲校献爱心等系列志愿活动。在理论学习的基础上，坚持全心全意为人民服务，把服务意识、奉献理念、价值追求融入活动并不断深入，通过实践服务提高团员志愿服务意识。

（3）言论与行动相结合。支部通过提倡带头参与劳动，扩大结对帮扶队伍等方式，使学生团员意识到自己应当在学习和生活中实事求是，言行合一，自学自律。支部通过自身知行合一，求真务实，与广大学生团员群众和衷共济。

三、工作感悟

团支部是共青团工作的“第一线”，是保障共青团把党的理论、政策、方针、路线贯彻到青年群体中去的“战斗堡垒”，所以新时代团支部建设是团工作的重中之重。当前抓好“意识形态教育”和“思想引领”是共青团改革攻坚的“硬骨头”。面对青年聚集方式变化、青年群体性格变化和青年接收信息的模式变化，团支部紧紧把握当前“互联网社团”的技术特点，在“自”上做文章，有以下三点值得其他支部借鉴。

第一，有主线。利用“青年大学习”、院系团校积极分子培训的理论学习、常规的团支部政治学习这些“规定动作”，用好互联网，提倡互联网的“自我驱动，自我创造，自我创新”的特点，让同学们从“要我学”转换成“我要学”。

第二，有反馈。团支部的建设，需要实时跟进，了解成效，在这点上，要充分利用各种评先评优、入党积极分子评选、入党申请书递交率、团支部活动参与率的变化来看团建成效。

第三，有特色。团建和大学生在校学习，不是“两张皮”。团支部建设一定要立足该专业的特点，要把“理论学习”和“专业学习”融合，要把“课外实践”和“课堂学习”融合，要把“隐性教育”和“显性教育”融合，做到知行合一，一举多得，才能让团支部的各个成员对于团建更有获得感和归属感。

作者：刘亚文，严鑫鑫　福建工程学院材料科学与工程专业1701团支部

提高国家安全意识　增强国家安全责任

一、支部简介

福建商学院2018级会计（2）班团支部，是一个朝气蓬勃，拥有优良作风，积极向上，并且在各方面都要求进步的团组织。自成立以来，组织结构分明，分工明确。支部干部紧密配合，认真负责。支部成员勤奋刻苦，积极活跃于校园的各个领域。组织生活开展得有声有色，富有创新精神，不仅为校园文化增添色彩，更展现了团支部的独特风采。

二、案例解析

（一）案例概述

为深入学习宣传贯彻习近平新时代中国特色社会主义思想和党的十九大关于总体国家安全观、国家安全工作的新部署新要求，充分展示党的十八大以来特别是中央国家安全委员会成立以来的国家安全工作成就，教育引导班级学生牢固树立国家安全意识，提升维护国家安全的能力，营造国家安全人人有责、人人可为的浓厚氛围。团支部举办了“提高国家安全意识，增强国家安全责任”主题团日活动。

此次“提高国家安全意识，增强国家安全责任”主题团日活动共分为团支书发言、《国家安全法》的宣传及讲解、诗歌朗诵、问答环节、观看相关宣传影片、自由探讨、大合唱《祖国在我心中》7个部分。

1. 活动引导——团支书发言

集中团支部全体团员，召开团支部大会，要求全体团员务必到会。团支部大会开始由团支部书记发言，向大家说明此次活动的目的在扩大《国家安全法》的宣传，加大国家安全教育宣传力度，引导班级同学牢固树立国家安全意识，提升维护国家安全的能力，营造国家安全人人有责、人人可为的浓厚氛围。

2. 法规解读——《国家安全法》的宣传及讲解

在团支部大会上，对《国家安全法》的具体内容进行宣传及讲解，让同学们通过此次活动可以对《国家安全法》达到初步认识。

3. 诗韵书香——诗歌朗诵

在团日活动中加入诗歌朗诵环节，由同学们自由报名，朗诵与此次主题相符的诗歌，展现2018级会计（2）班团支部的书香气息，以及全体成员浓厚的爱国情怀。

4. 博识通达——问答环节

展开问答环节，将国家安全相关知识以生动有趣的形式进行实践，调动班级同学的活动积极性。在问答环节中设置奖品，对表现突出的同学，在活动结束后于团支部范围内进行表彰。

5. 震撼画面——观看相关宣传影片

在此次活动中，组织大家观看相关宣传影片，以画面的方式让大家感到震撼，让国家安全意识深入每一位同学的内心。

6. 自由发言——组织探讨

组织大家自由成立讨论组，对此次活动进行探讨，在讨论结束后每个小组派出一名代表上台发表感受。

7. 激情合唱——《祖国在我心中》

最后，全体成员进行大合唱《祖国在我心中》，表达对祖国的热爱之情。

（二）思路与理念

为了深化青年文化信念教育，学习贯彻党的十九大精神，团支部秉着充分发挥广大团员青年的模范带头作用，通过开展各项活动来培养学生的文化素养，展现当代大学生的风采，提升大学生的素养，使每一位大学生都能够不忘初心、继续前进，坚持中国特色社会主义文化自信。

此次“提高国家安全意识，增强国家安全责任”主题团日活动旨在深入学习宣传贯彻习近平新时代中国特色社会主义思想和党的十九大关于总体国家安全观、国家安全工作的新部署新要求，充分展示党的十八大以来特别是中央国家安全委员会成立以来的国家安全工作成就，教育引导班级学生牢固树立国家安全意识，提升维护国家安全的能力，营造国家安全人人有责、人人可为的浓厚氛围。

传统的团日活动大多因为枯燥乏味而在举办过程中参与度太低，甚至遇到团支部成员不配合的情况。因此团支部广泛吸取经验，坚持创新为主，将学习内容与各项趣味活动串联，充分调动广大团员积极性，使团日活动的开展达到更好的效果。

（三）工作成效

团支部组织结构分明，分工明确，支部干部紧密配合，认真负责，并且勇于创新，因此，团日活动以更加有趣的形式呈现在同学们眼前，并得到支部成员的一致支持和积极参与。此次“提高国家安全意识，增强国家安全责任”主题团日活动取得圆满成功。

在活动开展之前，同学们对国家安全及《国家安全法》的了解较少，此次活动的开展，为同学们提高国家安全意识，增强国家安全责任提供了良好的帮助——同学们深入了解了国家安全是什么，同时有效培养了同学们的国家安全意识，达到此次“提高国家安全意识，增强国家安全责任”主题团日活动的根本目的。

（四）经验做法

1. 勇于创新，敢于创新

传统的团日活动，普遍比较枯燥，而像《国家安全法》此类法规的学习，同学们对参与此类活动的积极性更是不高。所以，支部干部要勇于创新，敢于打破传统思维，以更加新颖的活动过程来调动团员的积极性，将要学习的内容以大学生喜闻乐见的方式呈现，在趣味中学习，达到更好的效果。

2. 完善组织构架，人员紧密配合

一场大型的活动需要所有人的配合，更需要支部干部的分工合作。将活动内容细化拆分，每个环节责任落实到个人，并且做好突发情况预案，保证活动过程中不至于手忙脚乱。

三、工作感悟

高校共青团的工作落在团支部建设上，应当在团组织活动的开展上，形成主题鲜明、符合青年特色的团组织活动；应当从各方面、各个细节上规范学生的具体行为，提高行为的日常规范。因此，高校团支部要创新性地开展富有教育意义的主题活动。一方面，要加强团内组织建设，增强集体荣誉感。在活动主题的制定上紧扣团总支思想和团内成员的需求，增强思想高度、学习要求，提高团内生活质量，使工作的开展得到团内成员的支持与参与。另一方面，为让同学们的才能得到充分展示，团支部结合各个班级的实际情况，根据同学们的兴趣爱好、专长特点对他们进行专项培养，努力把他们的作用发挥到最大。

作者：郑杰　福建商学院 2018 级会计（2）班团支部

发挥专业优势　共绘美丽乡村

一、支部简介

福建商学院2017级艺术设计学一班团支部，由27名团员组成，团员数占班级人数的90%。团支部坚持以学习为中心，有针对性地教育引导团员青年明确学习的目的，端正学习态度，遵守学习纪律，定期开展团课活动，成立以来曾开展“牢记时代使命，书写人生华章”“习近平总书记在纪念五四运动100周年大会上的重要讲话”“不忘初心，牢记使命”等主题教育活动。

二、案例解析

（一）案例概述

“党有号召、团有行动、共绘美丽乡村”活动以习近平新时代中国特色社会主义思想为指导，紧紧围绕“以共建促团建，以共建促了解，以共建促合作，以共建促发展”的思路，按照“优势互补、互帮互助，校地联动”的原则，以加强校地基层党团组织和党团员队伍建设为重点，不断增强校地党团组织的创造力、凝聚力，推进校地基层党团组织创新争优，携手共绘美丽乡村梦。

团支部积极响应地方政府的号召，通过联合开展“校地党团支部结对共建”，充分发挥高校的人才资源优势及地方的平台优势，促进高校服务于乡村，实现团支部的校地共建。活动结合学院专业特色，由17艺术设计学一班团支部的同学们与学校周围乡村机关党政部门等单位携手共建，帮助学校及周边乡村设计党政宣传事项等，组织团支部中的入党积极分子、发展对象、预备党员到地方机关党支部开展党团主题宣讲和党团知识普及活动，推动团支部与乡村机关党支部和团委的结对共建。

（二）思路与理念

“发挥专业优势　共绘美丽乡村梦”活动从三个阶段开展。

1. 学习党团知识，研讨活动策划

该立项让团支部的全体成员更好地参与进来；组织全体团员完成青年大学习课程，夯实党团知识。前往地方机关党支部学习交流，运用同学们在校期间学习到的相关专业理论知识在基层中做交流研讨，分享新时代大学生的青春智慧。

2. 发挥专业优势，共“绘”美丽乡村

该立项主要是运用学院专业特色，让团支部的同学有自我展现的平台和机会，充分发挥高校的人才资源优势及地方的平台优势，促进高校服务于乡村，实现团支部的校地共建；提升团支部在周围乡村的影响力，使团支部的专业影响力和团支部建设扩大化。结合团支部的专业特点与地方的平台优势，结对共建，更好地为基层党组织设计集宣传、美观、实用为一体的宣传资料；提升基层党政部门对普通群众的宣传力度，让相关制度、政策更好地走入群众、丰富群众的文化生活。

3. 收集反馈意见，撰写总结报告

活动结束后采用调查问卷和走访的形式，做好相关的活动总结及反馈情况登记，注重收集参与活动的同学和基层党组织、群众的反馈意见，形成活动报告，为下次的活动开展提供借鉴经验。

（三）工作成效

一是加强与地方政府联系，扩大团支部覆盖面和影响力。此次活动为同学们提供更多走出校外、接触基层的机会，充分对外展示院团支部的风采和特色。

二是激发学习热情，促成专业成长。该项目结合艺术学科特色与专业优势，为同学们在地方政府建立一个平台，开展符合艺术生学业实际、容易被艺术生接纳的团支部活动，把设计作品更多更好地展现给乡村，充分激发支部成员的学习热情，提高支部学生的“学以致用”的专业能力和综合素质。

三是创新活动形式，增强团支部活力和凝聚力。此次活动走出学校，走向基层，活动新颖创新，团支部所有成员积极参与。从策划到具体实施和撰写总结经验，团内和谐、友爱、创新的氛围被轻松营造出来，有效激发团支部的活力，增强团组织的凝聚力。

四是提升党性修养，增强社会责任感。在活动设计的过程中，同学们潜移默化地学习党政知识，无形中接受党的熏陶，党性修养得到进一步提升。此外，在与乡村政府的交流沟通中，对我国新农村建设、美丽乡村政策有了更直接、更深刻的认识，激发新时代大学生的历史使命与责任担当。

（四）经验做法

团支部积极响应地方党支部的号召，推动党团共建，充分发挥专业优势，协助地方政府设计“庆祝中华人民共和国70周年”“不忘初心，牢记使命”等主题海报及“平安建设”宣传栏，取得良好效果，得到地方政府的一致好评，并建立长期合作的关系。

三、工作感悟

本支部积极响应地方政府党支部的号召，大力推动“校地党团支部结对共建”。该项目形式创新，成效明显，具体体现在以下方面：一是主题突出。团支部认真学习贯彻习近平新时代中国特色社会主义思想和党的十九大精神，结合团支部所学的专业学科特色，助力乡村文明建设，贴近大学生思想、学习和生活实际，着力培育大学生社会责任感、创新精神和实践能力；二是项目创新性强。本团支部积极探索新思路、新形式，积极走出学校开展活动，项目建设计划周详，策划执行过程有序，符合学生工作实际；三是形成品牌，成效明显。该项目经验做法有一定典型性，有一定的品牌特色，可示范、可复制、可推广。

该项目充分发挥团支部自身的优势，利用和整合地方各方面资源，在开展专业实践活动的同时，为乡风文明建设做出一定的贡献，有效扩大团支部活动的覆盖面和影响力，促进成员的专业成长，也增强了团支部活力和凝聚力。该项目在整个活动执行过程中缺少对活动事件的及时跟进报道，建议通过地方、学校、学院、多渠道进行宣传形成良好的影响力。

作者：吴汉成　福建商学院17艺术设计学一班团支部

躬身力行传南丁格尔精神　健康扶贫展青春风采

一、支部简介

福建卫生职业技术学院2018级助产301班团支部。自成立以来，积极开展习近平新时代中国特色社会主义思想学习活动，按期开展“三会两制一课”，组织运转规范、顺畅，有时效性地开展特色团日活动，积极参与志愿服务活动，多次获得个人和集体奖项。目前团支部成员共计获得校系个人奖34人次，团体奖7项，曾获“五星级团支部”“青年志愿服务先进集体”等荣誉。

二、案例解析

（一）案例概述

团支部以习近平新时代中国特色社会主义思想为指导，秉承南丁格尔精神，结合医学专业特色，利用所学专业知识，通过组建学期健康义诊志愿服务队、暑期社会实践队及专业健康宣讲团，深入基层，积极开展健康扶贫系列社会实践活动，定期组织团员进社区及乡村开展健康义诊、宣传健康知识，利用暑期社会实践机会深入基层贫困家庭进行摸底调查、宣讲健康扶贫惠民政策等，为脱贫攻坚贡献力量。既增长了才干，也得到了社会的广泛好评，展现了新时代团员青年的良好精神风貌。

（二）思路与理念

团支部以习近平新时代中国特色社会主义思想为指导，结合所学专业知识，秉持“深入基层献爱心、社会实践长才干”的宗旨理念，以学院志愿服务活动及暑期社会实践活动为契机，以健康扶贫为抓手，以团干部为骨干，在团支部新思想学习小组的带领下，积极打造学期健康义诊志愿服务队、暑期社会实践队及专业健康宣讲团3支队伍，通过悟思想、走实地、察实情、讲知识，在脱贫攻坚道路上奉献自己的青春力量。

（三）工作成效

在团支部的带领下，在支部成员的积极参与下，截至2019年9月，团支部共开展社区及乡村健康义诊活动40余次，开设健康知识讲座5场，走访关爱贫困户30余户，共建健康档案500余份，惠及群众5000余人，支部成员志愿服务时数共达4000多小时。在团支部成员的积极宣传下，支部健康扶贫系列活动也受到了社会各界的广泛好评和关注，并被多家媒体进行宣传报道。在QQ空间发布活动照片200余次，院系官方微信公众号发布活动新闻28篇。同时，活动还被中国福建网、中国新闻报道网、中国旅游时报、宁德日报等媒体报道。

另外，通过健康扶贫系列实践活动的开展，充分展现了支部团员作为新时代新青年的风采，让支部成员切实感受了在实践活动中“受教育、长才干”，也进一步增强了团支部的凝聚力和向心力。由于团支部能够以实际行动弘扬主旋律，传播正能量，在学院基层组织建设中形成了良好的示范推广效应。

（四）经验做法

1. 学习新思想，坚定理想信念。团支部自2018年9月成立伊始，在辅导员的指导下，积极组建以支部委员为主的新思想学习小组。学习小组以团支书为组长，以支部委员为主要成员，积极鼓励其他同学主动参与。学习小组定期组织小组成员学习习近平新时代中国特色社会主义思想，形成了一支专业的新思想宣讲团队，并通过结合支部团日活动对支部成员开展形式多样的宣讲活动。在新思想学习小组的感染和引领下，团支部中形成了浓厚的新思想学习氛围，支部成员理想信念及爱国主义教育取得良好成效。

2. 开展爱心义诊，聚焦“病根”斩贫根。扶健康才能奔小康。团支部结合学院对学生开展志愿服务时数的要求，积极组建学期健康义诊志愿服务队，支部44名成员均是志愿服务队成员。服务队以“防疾病、促健康”为目标，利用专业知识，将爱心义诊与团日活动相结合，将健康知识宣讲与基层团课相结合，定期到社区、乡村进行健康义诊，开展面对面、手把手的帮扶，为贫困群众提供基础检查（如量血压、测血糖）、康复指导和健康扶贫惠民政策宣讲等健康服务。

3. 深入基层实践，健康扶贫送到家。2019年7月，团支部以院团委开展暑期社会实践活动为契机，积极动员支部成员参与暑期社会实践。其中，5名同学加入了系团总支组建的实践团队，奔赴古田、闽清等地开展爱心支教、健康义诊、健康知识讲座等活动；38名同学分别前往福州和家乡的社区、街道、村庄，为敬老院送温暖、为儿童福利院送爱心、为孕妇普及孕期健康基础知识、走访慰问孤残家庭及留守儿童特殊家庭等，先后开展了系列教育扶贫、健康扶贫活动，足迹遍布八闽大地，为贫困群众、特殊家庭送医送药送健康。

4. 组建健康宣讲团，扶贫政策入人心。团支部以团干部为骨干的健康宣讲队，积极利用学期健康义诊及暑期社会实践机会，走村入户开展摸底调查，深入贫困家庭，通过面对面讲解、发放宣传册等方式为群众讲解健康扶贫惠民政策、健康教育和疾病防治知识；动员贫困家庭病患积极接受治疗，帮助他们了解如何办理医疗报销等。

三、工作感悟

在习近平新时代中国特色社会主义思想指引下，本团支部秉持南丁格尔精神，立足医学专业特色，将“顶天”的精神思想与“立地”的砥身砺行融合统一。所打造的学期健康义诊志愿服务队、暑期社会实践队及专业健康宣讲团三支队伍切实对接社会需求，走进社区、根植乡村、深入家庭，将专业学习和健康扶贫相结合，开展志愿服务，足迹遍及八闽地。这些均充分展现了拔节拨穗青少年服务社会的热情和潜心知行的作风。

面对更高水准的要求，本团支部在全面宣讲优秀经验做法的同时，应在各项活动效果定时回访跟进，服务受众针对性深挖，在加深对医疗扶贫长期性、艰巨性的认识等方面继续努力。

作者：苏焰　福建卫生职业技术学院2018级助产301班团支部

绿色活动你我同行　共建美好生态祖国

一、支部简介

福建生物工程职业技术学院18药学1班团支部，是一个由53名成员组成的集智慧、团结与友爱于一体的团支部，一个积极向上、具有强大凝聚力的班集体。2019年下半年开学至今，开展了两次以环境保护为主题的团日活动，分别为“绿色小精灵”环境保护教育、“田园种植课之种子的发芽”实践教育活动，为达到活动目的，支部成员勤勤恳恳，认真负责。经过几次的团日活动，增进了对彼此的了解，互相进步，提高自我，共同向星级团支部的目标努力，经过努力，相信一定能越来越好！

二、案例解析

（一）案例概述

团支部主要开展以环境保护为主题的志愿活动，分别为“绿色小精灵”环境保护教育、“田园种植课之种子的发芽”的实践教育活动，为了让小朋友们知晓环保，践行环保，为成为一名优秀环保主义者做准备。团员们参加环境教育活动有了深刻了解，也反思自己做得不好的方面。每次完成活动，支部成员都会写下所思所想。与此同时，环境教育活动也让支部成员更加团结。

时代是思想之母，实践是理论之源。每个时代都会面临不同于其他时代的新问题，回答和解决这些新问题必然产生不同于其他时代的新理论和新实践。时代推动实践，实践呼唤理论，理论又引导和推动时代和实践前进。这就是时代、实践和理论相互联系、相互作用的辩证法。中国共产党是解放思想、实事求是、与时俱进、求真务实的党。只要坚持用习近平新时代中国特色社会主义思想武装全党，我们党的创造力、凝聚力、战斗力就能大大提高，从而更好担负起新时代赋予党进行伟大斗争、建设伟大工程、推进伟大事业、实现伟大梦想，全面建设社会主义现代化强国的崇高使命。

（二）思路与理念

随着经济社会的发展，人类的生产能力不断提高，规模不断扩大，致使许多自然资源被过度利用，生态环境日益恶化。面对全球日益严重的环境问题，国际社会达成了共识：通过宣传和教育，提高人们的环境意识，是保护和改善环境的重要治本措施。而保护环境是我国的一项基本国策。强化教育，提高认识，是贯彻执行这项基本国策的基本方法，也是促进可持续发展及解决环境问题的重要方法。环境教育不仅仅是教授环境知识，最主要的是要提升全民的环保意识。

环境教育的目的是强化可持续发展的观念，培养人与自然和谐发展的观念，建立新的消费观及价值观。进行环境教育实践活动可以培养学生对环境问题的分析能力、树立参与意识等。借助教育手段以提高人们对环境的了解和对环境问题的认识，使人们对人与环境的相互关系有正确的认识，让学生学会从整体的角度获取环境知识及技能，形成综合的环境保护理念，动员全社会成员共同努力来保护环境。

（三）工作成效

由 18 药学 1 班团支部开展的团支部建设主题为“环境教育”，支部团日活动的环教对象主要为学生，志愿者和环教者由 18 药学 1 班的团员组成。

环境教育是以人类与环境的关系为核心，以解决环境问题和实现可持续发展为目的，以提高人们的环境意识和有效参与能力、普及环境保护知识与技能、培养环境保护人才为任务，以教育为手段而展开的一种社会实践活动。环境教育在于帮助人们获得有关环境和环境问题的基本知识，激发人们关心环境、爱护环境的积极性，增强解决环境问题的责任感和紧迫感。环保意识、环境相关知识、解决问题的能力和价值观是对每个年龄的学习者都应该教授的，但对于较年幼的应从当地社区的具体做法入手，科普其做法背后蕴含的环境意识，利用多样的学习环境和多样的教学手段，学习有关环境的知识和在环境中学习，并强调实践活动和亲身体验式学习的重要性。

开展活动以来，支部成员教育小朋友们为何要环境保护，环境保护的重要性及如何进行环境保护，还通过种植课教小朋友们环境保护对于大自然的意义。在活动中，小朋友们热情高涨，收获良多，并且能将在学校学到的知识运用到日常生活中，做好垃圾分类及环境保护。活动开展过程中，支部成员也能意识到开展环境保护教育的重要性，并致力于大众环保意识的提升。

环境教育的目的在于增强人们对城市和乡村区域中的经济、社会、政治和生态的相互依赖性的认识，给予每个人保护和改善环境所需要的知识、价值观、态度、决心和技能。加强环境教育，提高人们的环境意识，能使人们正确认识环境及环境问题，形成新的价值观念和新的行为准则，并使自己的行为与环境相协调，自觉地参与保护环境的行动。

三、工作感悟

此次团支部活动充分发挥了青年团员自身的优势，利用和整合了社会各方面资源，在开展环教活动，为中小学生普及了一定程度的相关知识，同时，也提高了团员自身的素质和增强支部凝聚力。

团支部把开展环保实践活动确定为环境教育工作的一个重要落脚点和发展点，力争把活动开展得有声有色，做实做好。一是创建校园绿色环境，为提高学生环境素质提供物质保证。二是积极开展环境教育科研活动，指导环境教育的有效实施。三是深入开展环保实践活动，增强环境教育的实效性。

作者：苏丽珍　福建生物工程职业技术学院 18 药学 1 班团支部

新时代开启新征程　新青年彰显新作为

一、支部简介

仰恩大学管理学院2016级市场营销2班团支部共有38位同学，其中团支部成员37名。自2016年组建以来，在院党总支的指导和院团委的直接领导下，组建了由团支部书记、团支部副书记、宣传委员和组织委员组成的团支部委员会。各支部委员分工明确，团结合作，团结协作，始终为建设团结友爱、积极进取的班集体而努力。支部不断地充实和发展，积极有效地开展各项校园文化活动，认真完成院系分配的各项活动。

二、案例解析

（一）案例概述

为了让团支部内团员深入学习解读党的十九大报告和党的十九大精神，引导广大青年学生积极践行社会主义核心价值观。团支部以校团委号召的“新时代，新征程，新青年”为主题，召集团支部成员开展“新时代开启新征程，新青年彰显新作为”的活动。以此增强支部内团员对团支部的归属感，努力营造学习先进、崇尚先进、争当先进的活动氛围和良好风气，让同学们在活动中提高自身素质，培养奉献精神和团队意识，用自己点滴之力感染社会，为社会带来正能量！

（二）思路与理念

1.“中国赞”手势照片收集及微博接力活动

全体团员按学号顺序，各自拍摄在仰恩不同景色下比“中国赞”手势的照片，并在个人微博上发布。发布照片的同时配文对十九大精神的理解，并在结尾@下一位同学与班级微博，以接力的形势传播下去。

2.“新青年新作为”网页海报、横幅比赛活动

参赛选手运用互联网专业知识，用编写 HTML 制作网页的方式制作简单的

“新青年新作为”网页海报或相关标语横幅网页。海报中应表明作为新青年对新时代的看法，应该如何作为，要求画面美观；标语网页应切合主题，带有中国特色及个人特色。最终评选一等奖一名，二等奖两名，三等奖两名，颁发奖品。

3. “新时代，新征程，新青年”主题红歌猜猜猜活动

召集全班同学参加，团支书在班级播放红歌副歌部分，让同学们听歌识曲，在同学回答出答案后，团支书介绍各红歌背景故事，让同学们通过歌曲了解国家历史与精神。

4. 观看主题电影

召集全班同学参加，以中国共产党领导的革命战争史为主线，通过观看与其相关的主题电影，重温了新民主主义革命时期我党的艰辛历程和取得的伟大成就，探寻了我党为中国人民谋幸福的初心之源，坚定了为中华民族谋复兴的使命之心。

（三）工作成效

1. “中国赞”手势照片收集及微博接力活动的开展，不仅使得大家对于十九大精神有了更深入的认识，而且班级同学之间也有了更深的了解。

2. “新青年新作为”网页海报、横幅比赛活动的开展，使同学们意识到了实践的重要性。此次海报的制作，同学们不但表达了对新时代的理解，更明白了实践才能出真知。整个活动过程中，同学们积极请教老师，从而加强了师生之间的沟通交流。

3. “新时代，新征程，新青年”主题红歌猜猜猜活动。猜的是歌名，但更重要的是让同学们了解歌曲背后的故事和意义。结合经典红歌的赏析之后，更好地开展团员思想政治教育。

4. 观看主题电影的活动激发了团员青年们关注祖国发展，参与祖国建设的热情，树立并坚定“将个人前途与祖国命运同系己身”的信念。

（四）经验做法

将班级团支部同学在“中国赞”手势照片收集及微博接力活动中发布的微博制作成一本属于自己的班级的“时间简史”，将“新时代，新征程，新青年”主题红歌猜猜猜活动视频刻印成光盘。虽说“眼睛是最好的像素，回忆是最好的纪录”，但诸如书籍和视频此类新颖的活动成果记录形式不仅能够让同学们眼前一亮，从而推动后续的活动更顺利地开展，而且能够成为同学之间美好青春时光的回忆。

作者：林素惠　仰恩大学管理学院2016级市场营销2班团支部

学甲子校史　扬闽院风帆

一、支部简介

闽江学院海洋学院2016级人文地理与城乡规划3班团支部成立于2016年9月，团支部成立至今，多次开展团支部活动，提高了班级团支部成员的集体责任感及奉献精神。团支部全体党团成员，始终保持先进性，坚定“不忘初心，牢记使命”的信念，是一支春心向党、积极向上的团支部。

二、案例解析

（一）案例概述

为迎接我校六十周年华诞，响应我校“栉风沐雨六十载，砥砺前行续华章”的校庆主题，促进闽江学院校庆工作的顺利开展，带领我校更多青年学子学校史、懂校史、荣校史，展现新时代闽江学院大学生风采。海洋学院2016级人文地理与城乡规划3班团支部于2018年9月29日至2018年10月29日紧紧围绕“庆国庆，迎校庆，学校史，展学颜”展开“学甲子校史，扬闽院风帆”主题团日活动。

（二）思路与理念

为迎接我校六十周年华诞，充分展示我校办学历史与成就，培养广大青年团员开拓进取、团结奋斗的精神和爱校荣校的责任感，进一步增强团支部的凝聚力和向心力。团支部紧密结合学校学院智慧团建、校长基金、第二课堂、志愿服务等各项制度，以及结合团支部专业知识和学院对基层团支部的各项措施，开展以“学甲子校史，扬闽院风帆”主题团日活动。

此次主题团日活动共分为六个篇幅。

第一篇：定格·闽院——明信片设计制作活动

支部成员结合地理专业知识，把握闽院建筑的形体结构，以醒目的色彩搭配，灵活多变的布局，运用专业相关的手绘技能和photoshop软件制作并记录闽院的风景。作品后期筛选特请班主任为指导老师，以易班“轻投票”的形式在班级内开展优秀作品评选。入选作品作为文创产品的一部分，在校庆摆点时进行成果展示，同时也作为团支部送给闽院60华诞礼物的文创产品的一部分。

第二篇：追忆·闽院——摄影活动

为庆祝闽院60年华诞，借助于团支部三位同学参与的闽江学院2018年校长基金项目《万里茶道起点——下梅村国家级历史文化名村的保护与更新》的部分研究成果，再结合专业课程——地理摄影，组织同学进行追忆闽院的摄影活动，运用适当的光线和完美的构图技巧，结合摄影图像的表现原理，抓住闽院精彩瞬间，引导同学们发现校园的美，爱护它并以视频的方式展示出来。同时也借助易班“微社区”宣传平台进行追忆闽院摄影作品征集活动，去到闽江学院工业路校区附近寻找闽院记忆，此次活动的目的除了在锻炼支部成员的专业运用能力之外更在于引导同学们发现校园过去的美，爱护它，并将它以视频的方式展示出来。

第三篇：皂出·闽院——手工皂包装设计制作活动

海洋学院2016级人文地理与城乡规划3班团支部与2016级轻化工程团支部联合绿色化学协会和城乡规划协会一起，运用专业课程知识与化学知识，组织同学们支部成员设计制作具有闽院印记和海洋学院标签的文创产品外包装，同时，开展“皂出闽院·手工皂制作”等一系列的第二课堂活动，让多个支部的同学一同进行交流，以此提高团支部活动的趣味性与专业独特性。

第四篇：匠心·闽院——模型制作活动

团支部结合专业课程——模型表现与制作，运用各种材料，通过构想、草图、效果图、制作模型等手段制作出心目中最吸引自己、最具代表性的闽院建筑。此系列活动在第二课堂平台上开设“匠心闽院·模型制作”的课程，支委会通过第二课堂的签到、签退功能对支部同学进行实时点名，调动团支部成员的积极性，提高团支部活动的参与度。

第五篇：倾听·闽院——手绘讲座

海洋学院2016级人文地理与城乡规划3班团支部与城乡规划协会借助第二课堂平台共同举办了“倾听·闽院——手绘讲座”系列讲座，邀请班主任叶青老师给支部成员介绍规划设计类专业的前景，展示绘画手法并讲解手绘技巧。此次系列讲座结合第二课堂与专业老师授课的形式，以新颖的形式调动团支部同学参与支部活动的积极性，同时使同学们（支部成员）在支部活动中切实增长专业知识。

第六篇：情系·闽院——志愿活动

团支部借助志愿汇平台，开设了关于“情系闽院·志愿活动”的志愿活动，活动内容主要为对教室、操场、教学楼等地的清扫活动，活动时长为2小时。支委会通过志愿汇的定点签到、控制活动范围和自动记录志愿时长等功能，对支部成员进行实时管控，保证活动的有序进行。

（三）工作成效

此次团日活动增强了班级凝聚力，让学生了解学校历史，培养作为闽院学生的自豪感，牢记校训，弘扬闽院校风精神，营造良好的校庆氛围，增强学生对学校的归属感和荣誉感。

在实践中，提升了同学们的整体素质，增强青年团员的团员意识，激发团员参与志愿服务的积极性和创造性，把广大团员的智慧和力量凝聚到推动和谐社会建设的伟大实践中，推动到校庆活动中，使全校团员意识教育活动更生动、更具体、更贴近实际，也让社会人士进一步了解闽江学院，发扬闽江学院优良的校风和精神。

三、工作感悟

此案例打破原有团支部活动的固有模式，形成了高校共青团工作的新格局，既充分发挥班级团支部组织灵活、创新的特点，又保持原有团建模式的基本结构，建立较为科学的基层团支部活动体制，具有推广价值。

从活动主题方面看，此案例紧紧围绕我校“栉风沐雨六十载，砥砺前行续华章”的校庆主题，突出闽院特色，展现闽院学子风采。

从组织策划方面看，此次活动让团支部所有同学从活动的准备到活动的总结都广泛参与，集思广益，共同努力，且提高了团支部成员的活动参与度。

从活动本身看，第一，活动分为6个不同的阶段由浅入深地感受闽院，并紧紧与专业知识相结合，形成了团支部活动的独特性；第二，团支部还积极运用现有的数据平台，打造了多种形式的团建活动，如第二课堂、志愿汇、易班和校长基金等，增强了团支部成员参与活动的积极性与热情度，并打破了团支部活动的固有受众范围，将团支部的活动推出班级，推向全校，增强了团支部成员的凝聚力，对团支部活动的开展有了创新性的模式。

作者：雷丽娜　闽江学院海洋学院2016级人文地理与城乡规划3班团支部

连环画册展校史　爱校荣校是本职

一、支部简介

闽江学院美术学院2017级环境设计一班二班团支部，共由45名成员组成，团支部定期开展支部活动，开展支部思想教育，组织支部进行公益志愿活动，组织支部成员制作《图说闽院史》，进行多次艺术作品展，展现团支部风采，促进良好的学习生活氛围。

二、案例解析

（一）案例概述

为更加直观地宣传学校办学历史，培养学生知校、爱校、荣校的精神，增强同学们对学校的认同感和集体荣誉感，闽江学院美术学院2017级环境设计一班二班团支部以“庆国庆，迎校庆，学校史，展学颜”为主题开展绘制校史连环画册《图说闽院史》的创意活动。这是一本绘制了闽江学院60年办学历史的画册。全册从封面设计到内容都由团支部同学手绘制成。绘制前期，同学们前往校史馆认真学习校史，到老校区实地采风取景，最后筛选出多帧典型历史场景绘制成册。《图说闽院史》共52页，全部采用黑白速写技法，用简练的线条扼要地勾勒出人物形态，情景再现闽江学院的办学历史和发展前景。连环画册包含近40个学校历史大事件，下附文字解说，使读者能够清晰、直观、全面地了解闽江学院校史，感受到闽江学院的发展史是新中国建设发展同呼吸共命运的奋斗史、创业史。

（二）思路与理念

多年来，闽江学院始终秉持着习近平总书记在任福州市委书记期间曾兼任闽江学院（当年为闽江职业大学）校长期间提出的“不求最大，但求最优，但求适应社会需要”的办学思想和理念，以及“崇尚完美，追求卓越”的校训。美术学院2017级环境设计一班二班团支部，作为闽江学院的一分子，积极继承和弘扬学校的办学思想和理念是团支部一直在做也必须做的事。

故此，团支部选择以校史作为活动的重点。校史是校园精神文化不可或缺的传承载体，是对学校办学发展历程的回顾总结，它记载着全体教职员工在学校创业过程中所付出的艰辛，记载着学校不同时期的教学科研成果，记载着代代学子走出校门踏入社会后所做的贡献。校史对加强大学生知校爱校荣校教育、提高学生人文素质、加强其思想政治教育，具有十分重要的意义。

且此次团支部活动运用连环画的表现形式，同时结合学院办学特色及团支部所学的专业学科特色，是支部美育精神的重要体现，增强美育精神重在培养文化精神，支部成员能够通过手绘校史学习学校文化，充分达到增强美育精神的目的。

（三）工作成效

创新已经成为一个国家甚至是民族发展的重要手段和途径，是当代大学生应具备的重要素质。“培养大学生创新精神”作为一个目标，在当前显得尤为重要。通过此次活动不仅使同学们更加深入了解学校的办学历史，培养同学们知校爱校荣校的优良品德，也更好地展现了美院学子的创新精神，营造创新氛围，培养创新意识，突发想象，发展创新思维，增强创新能力。在闽江学院建校六十周年之际为母校献上的这份特别又具有意义的贺礼，激发了闽江学院师生对学校的感情，并且活跃了校园的艺术氛围，很好地宣传了闽江学院。画册在宣传期间，受到闽院师生的一致肯定。校庆结束后，仍然在进行画册的宣传、展出，同时也在线上线下做了活动宣传，东南网、腾讯新闻、搜狐新闻、网易新闻、今日头条、UC 头条、百度百家、闽江学院官网等网站均有资讯登出。

（四）经验做法

习近平总书记曾提出 16 字箴言，他要求广大青年要坚定理想信念、练就过硬本领、勇于创新创造、矢志艰苦奋斗、锤炼高尚品格，在弘扬和践行社会主义核心价值观中“勤学、修德、明辨、笃实、爱国、励志、求真、力行”，这是习近平对新时代青年的希望和要求。

连环画册的创作打印发行的方式，弘扬了社会主义核心价值观，积极响应了习近平总书记提出的 16 字箴言。运用自身本领，勇于创新创造校史学习方法，利用新旧文化结合，创新思维方式，锻炼实际应用能力，有意识地培养自我创新意识，努力锻炼支部成员成为新时代的“四有新人”。画册通过手绘方式，以艺术生的专业兴趣为出发点，让团支部的同学们都能参与到其中来，促进团支部的同学们团结协作，从实际出发，让团支部的同学们感受学校历史，增强爱校荣校意识，从而培养爱国主义精神。将作品进行排版，利用专业技能发挥所长，坚定道路自信、理论自信、制度自信、文化自信，也增强了同学们的自我认同感、热情与激情，促进了支部发展，凝聚了支部力量。

三、工作感悟

团支部的案例以校庆校史为切入点，绘制连环画册《图说闽院史》，全册全面地展现闽江学院的办学历史，采用的速写技法很好地运用所学的专业知识，突出美院学子的绘画特色，也更好地展现本团支部的组织创新能力，利于同学们通过图文的形式学习闽院校史。

该画册具有一定的推广价值，首先画册的内容为闽江学院的办学历史，这有助于学校的每一个师生更好地学习校史，从而更全面地了解闽江学院，培养师生的知校爱校荣校的情怀。其次，该画册很好地宣传了闽江学院，有利于加大青年团员和社会人士对闽院的认同感。最后，这种连环画册的创新形式有一定的学习价值，能对学生有所启发。

团支部通过创新形式、创新内容推出的《图说闽院史》连环画册取得了优良成果，这对支部成员的思想建设有很大的帮助。他们积极进取、团结互助的奋斗精神，他们相互配合、相互支持的团队精神，深深凝聚在一起，进一步增强团支部的凝聚力和向心力，同时加强支部成员参与的积极性和对学校、共青团的认同感，充分展现闽院学子风华风貌。

作者：林辰，郭高晨　闽江学院美术学院2017级环境设计一班二班团支部

壮丽七十年　筑梦“+”时代

一、支部简介

阳光学院人工智能学院2017级计算机科学与技术2班团支部，共有53人，支部成员团结友爱，有较强的集体荣誉感。团支部以“刚健笃实，辉光日新”的校训勉励大家，激发团员的创新意识。曾获得福州市“五四红旗团支部”“校五四红旗团支部”“免监考班级”、校团立项活动评比“二等奖”、校“12.5”志愿者活动评比二等奖等荣誉。

二、案例解析

（一）案例概述

为展现新时代团支部建设的风采，支部在2018—2019学年第二学期开展“壮丽七十年，筑梦“+”时代”系列活动，其分别为“读回信学精神，传‘互联网+’”的校内宣传活动、“少年当自强，传‘互联网+’”福州马尾罗星中心小学支教活动、“铭记光荣历史，缅怀先烈”的烈士陵园祭扫活动三个系列活动。

1. 壮丽七十年，筑梦“+”时代之星星之火

深入学习习近平总书记给中国“互联网+”大学生创新创业大赛“青年红色筑梦之旅”大学生的重要回信精神，激发学生创新创业热情，定于2019年3月开展以壮丽七十年，筑梦“+”时代之星星之火为主题的活动。支部成员们组织开展相关文件及视频的学习，并开展校园“互联网+”宣传活动。支部采取线上宣传与线下宣传相结合的方法，首先在校内进行线下宣传以及线上向全校师生宣传“互联网+”大赛的相关知识，同时也号召本院系的师生利用自身的专业知识学以致用，为社会的人工智能化出份力。

2. 壮丽七十年，筑梦“+”时代之少年当自强

我国社会不断地发展进步，学生的素质及文化水平也随之提高。因而学校

应当将其教育与互联网进行有效地融合，采用“互联网+教育”的发展模式，以此提升小学教育水平，推动教育事业可持续发展。为此，支部于2019年5月开展以“壮丽七十年 筑梦‘+’时代之少年当自强”为主题的活动。班委分为“数学组”“语文组”两个小组，前往福州马尾罗星中心小学开展支教活动。

（1）数学组在上课之初，通过多媒体给学生出示一节课的学习目标，让学生心中有数。在学生自主合作探究的环节，把自主探究的题目给学生布置好，随后让学生根据提示进行自主合作探究学习。

（2）语文组采用以“资源导学、主体自学、交流互学、总结助学”为主要环节的小学语文“四学式”混合学习模式，不断唤醒学生的主体意识，充分挖掘其内在的学习潜能，培养和发展学生在语文学习活动中的独立自主性和积极创造性，自主学习。

3. 壮丽七十年，筑梦“+”时代之铭记光荣历史

为庆祝中华人民共和国成立70周年，缅怀先烈，激励和引导班级同学大力弘扬爱国主义精神和居安思危的忧患意识，2019年7月班委赴福州马尾烈士陵开展祭扫活动。活动形式主要以现场祭扫烈士陵园和线上写心得体会的方式来缅怀先烈。

（二）思路与理念

1. 壮丽七十年，筑梦“+”时代之星星之火

结合习近平总书记给中国“互联网+”大学生创新创业大赛“青年红色筑梦之旅”大学生的重要回信精神，引导团员理解习近平总书记提出的“三创”精神，并意识到“互联网+”作为一项国家战略的重要地位。身为大学生骨干，班委组织开展壮丽七十年，筑梦“+”时代之星星之火校内宣传活动，进一步激发高校学生以专业特长挥洒创新创业热情。

2. 壮丽七十年，筑梦“+”时代之少年当自强

我国社会不断地发展进步，学生的素质及文化水平也随之提高。因而学校应当将教育与互联网进行有效的融合，发展“‘互联网+’教育”的模式，以此提升小学教育水平，推动教育事业可持续发展。为此组织开展“少年当自强，传互联网+”福州马尾罗星中心小学支教活动，利用专业知识宣传互联网+时代下学生获取学习知识的方式。

3. 壮丽七十年，筑梦“+”时代之铭记光荣历史

为庆祝中华人民共和国成立70周年，缅怀先烈，激励和引导班级同学大力弘扬爱国主义精神和居安思危的忧患意识，决胜全面建成小康社会、夺取新时代中国特色社会主义伟大胜利的新征程，团支部在福州马尾烈士陵开展活动，

以此来缅怀先烈，激励和引导班级同学大力弘扬爱国主义精神和居安思危的忧患意识。

（三）工作成效

1. 壮丽七十年，筑梦“+”时代之星星之火

在团支部的组织下，以及团支部成员积极校内宣传下，活动得到广大同学的积极响应与参与。壮丽七十年，筑梦“+”时代之星星之火这项活动不仅仅是一项活动，它代表当代大学生对政府政策的积极响应和渴望学习“互联网+”新时代创新创业精神，对未来的发展方向从懵懂到憧憬的过渡。

2. 壮丽七十年，筑梦“+”时代之少年当自强

班委在准备福州马尾罗星中心小学支教活动的过程中，通过一些教学网站，对传统的与相对有创意的教学方法都有了一些了解，并根据所学制订出一份能让学生感触到“互联网+”并学会利用“互联网+”获取知识的方案。

3. 壮丽七十年，筑梦“+”时代之铭记光荣历史

在活动开展前，开展以“铭记光荣历史，缅怀先烈”为主题的动员会，通过此次活动，让班委们了解到当今安定幸福的生活来之不易，激励和引导班级同学们大力弘扬爱国主义精神和居安思危的忧患意识，更加珍惜当下的生活，发奋学习，为决胜全面建成小康社会、夺取新时代中国特色社会主义伟大胜利的新征程出份力。同时通过互联网进行网上宣传来号召周围的群众为实现自己的人生价值，为美好的明天，努力奋斗，笑迎挑战。用这一代人特有的风格去描绘未来，让未来更加美好、和谐。

（四）经验做法

1. 思想精神上，关注时事

结合国内外大事，及时向团员进行宣传，并结合上级精神，引导团员理解党中央的决策，以自己的实际行动践行团员们的政治觉悟和道德情操。及时抓住时事，有组织地及时结合上级精神向团员宣传，从而提高思政教育实效。

2. 创新活动组织，打造团支部特色品牌

深入推进“一团一品”工作，在“互联网+”宣传中，通过抓团支部特色专业促进团支部建设工作，有助于团支部内部自身文化的建立。在支教过程中，在开展前使用互联网学习教学视频来制定一份教学方案，亦可树立良好的团支部外部形象，促进团支部活力提升。

3. 常态建设内容

将团支部建设每年规划为十个月，每个月安排一个主题。2019 年是中华人民共和国成立 70 周年、五四运动 100 周年，共青团员应该学习宣传贯彻落实党

的十九大精神与习近平新时代特色社会主义思想，紧密围绕团学工作，团结协作，勤奋工作，开拓创新，有力促进基层团组织的建设，活跃基层团组织的工作。

作者：魏宝祥　阳光学院人工智能学院 2017 级计算机科学与技术 2 班团支部

垃圾分类创新城　团员青年竞模范

一、支部简介

福州软件职业技术学院2018级会计2班团支部是由46名学生组成的一个优秀团支部。团支部总人数46人，团员人数42人。团支部自建成以来积极开展各式各样、内容丰富有趣的团日活动、团课等，极大地加强了团组织内部的凝聚力和积极性。

二、案例解析

（一）案例概述

2018年11月，支部为响应团日活动的精神，在团支书与支部学生干部的宣传下开展“初心不改，使命不渝”为主题的团日活动。为了彰显当代青年大学生志愿者的朝气和青春，也为了进一步继承和发扬志愿者精神和美化生活环境，17日组织全体成员到福州市左海公园进行环保志愿服务活动，具体活动包括对街道和草坪内的废纸、果皮分类及清理。另外，为了更好地传承中国优秀的传统文化，更直观地感受优秀传统文化的魅力，团支部全体成员于18日外出参观福州西湖博物馆，深入了解其历史文化，旨在更好地继承和发扬共青团的光荣传统。活动前期班委多次讨论活动的相关流程，外出期间各班委很好地发挥自己的作用，相互配合，确保参观活动的顺利进行。

2018年11月21日团支部成员在A315教学区组织开展以“学习历史，不忘初心”为主题的团课活动。活动前期召开班委会议确定团课的方案，收集有关共青团的历史资料和相关文件，并制作PPT。活动期间团支书组织全体人员起立合唱团歌，讲解关于共青团的内容，并让团支部成员积极学习共青团的团情、团史。最后通过知识竞答的方式检验团支部成员对于团情、团史的学习情况。活动期间很好地与支部学生干部配合活跃了现场气氛，班级同学在互动的过程中对于中国共产主义青年团有了更深的了解。

2019 年 7 月 13 日，为引导团支部成员发挥团员先锋模范作用，推动团干部与基层团组织、团员青年的经常性联系。团支部组织支部成员到福州市长乐区漳港街道关湖边社区开展大学生共青团员社工义务劳动服务。活动期间，团支部成员间相互合作，积极配合，服从指挥，很好地完成了对漳港街道关湖边社区的卫生打扫和垃圾清理。同时，积极配合社区负责人对社区内一些弱势群体包括对残疾人、孤寡老人进行家访和帮助，并做相应的调查问卷，了解他们的实际情况以便后期社区更好地为他们服务。

（二）思路与理念

思路：通过组织开展的富有特色、受同学欢迎的团日活动、团课等，让先进的事迹告诫广大学子青春的真谛与时间的珍贵，以人性的光辉让广大同学在大学的生活中展现青春的色彩，更早地实现自身价值。展示青春魅力，完善自我。

理念：深入贯彻习近平新时代中国特色社会主义思想，以及党的十九大、团十八大精神，围绕履行团的基本职能和思想引领、成长服务两大核心任务。增强团员意识，激发团员活力，组织动员班级团员充分发挥生力军、突击队作用，在推动院系科学发展、促进和谐校园建设的实践中建功立业。

（三）工作成效

团日活动响应了志愿者活动月的精神，为福州市的生态文明建设贡献出自己的微薄之力，同时帮助同学们树立更强的环保意识。团日活动切实增强广大共青团员的政治意识、组织意识和模范意识，引导了广大共青团员的光荣感和责任感。大学生共青团员社工活动培养了共青团员尊老爱幼、关爱他人、助人为乐的精神，切实提高了团支部成员的思想素质和实践能力。

通过这些丰富的活动，2018 级会计 2 班团支部荣获福州软件职业技术学院 2018—2019 学年“优秀团支部”称号。团支部成员们回顾了入团的初心，牢记历史使命，今后将会以更加积极向上的精神面貌去学好专业知识、参加社会实践活动，争做合格优秀的团员。

（四）经验做法

活动开展之前要充分认识和理解活动的主题和指导思想，积极与班委和支部成员讨论活动的具体方式、活动时间、地点、流程和应急预案，再与辅导员进行讨论和改善，最后确定方案制作活动前期策划书并提交到院组织部进行审核。待审核通过之后，细化活动的相关内容，通知支部学生干部相互配合准备活动的各项事宜。任何事情都有难以预知的意外，因此，活动期间的安全是第一位，要通知同学积极配合班委工作，保证活动的顺利进行。若发生意外情况，及时采取应急措施。

总体上，开展团支部活动要认真理解团日活动的主题及指导思想，结合实际情况，积极与团支部学生干部沟通，相互配合，努力建设好团支部，更好地增强团支部的集体凝聚力。

三、工作感悟

该案例是结合社会热点，响应福州市政府推行垃圾分类而开展的增强团员意识的主题教育活动。通过学校的团支部到福州公共场所及敬老院开展活动，吸引社会大众的中青年积极响应全国垃圾分类工作重点，既加强对团员青年的组织管理，又更好地引领了团员青年服务社会的意识，同时为福州市的生态文明建设贡献出自己的微薄之力。

作者：洪松辉　福州软件职业技术学院2018级会计2班团支部

红色记忆燃时代　福墨学子正青春

一、支部简介

福州墨尔本理工职业学院2017级电子商务1班团支部成立于2017年9月，支部现有成员22名。团支部在学校党委、团委的带领下，坚持学习贯彻习近平新时代中国特色社会主义思想，弘扬社会主义核心价值观，充分发挥学校中外合作办学特色及支部自身优势。两年来团支部通过学校多个爱国主义教育实践基地，开展主题团日活动八场，组织编演革命历史题材节目——情景讲述《福建英雄谱》，编排拍摄合唱视频《光荣啊！中国共青团》，坚定支部成员理想信念，弘扬爱国主义精神，营造良好的班风校风。

二、案例解析

（一）案例概述

1. “喜迎十九大 文脉颂中华”主题团日活动

团支部结合学校中外合作办学特色，邀请学校外籍教师组织支部成员赴福州市孔庙开展“喜迎十九大 文脉颂中华”主题团日活动。团日活动通过开展“道德讲堂”，由孔庙双语解说的同学们带领市民及外籍教师共同学习“太极拳”及书法，感受中华传统文化。

2. “牢记时代使命，书写人生华章”主题团日活动

学校“爱国主义教育实践基地”——福建省革命历史纪念馆，是全国爱国主义教育示范基地。团支部组织成员前往参观学习，同学们对福建红色文化产生浓厚兴趣。通过对瞿秋白、王荷波、林祥谦等先烈的学习，支部成员懂得什么是家国情怀，感受着那个时代的革命青年的豪情壮志、学习到革命先烈不屈不挠的牺牲精神。团支部成员历经一个月的编排（情景讲述《福建英雄谱》），于2018年10月16日参与福建省革命历史纪念馆“歌颂祖国——2018年国庆69周年诗歌朗诵会”，并得到凤凰网及中红网的宣传报道。

3. “弘扬英烈精神，传承红色基因”主题团日活动

时值清明之际，为弘扬优良革命传统和爱国主义精神，继承先烈遗志，团支部带领成员赴福州文林山革命烈士陵园参加福州市鼓楼区文明办举办的“千人祭扫”活动，此次活动让支部成员牢记革命历史，坚定共产主义信念，传承和发扬革命先烈的光荣传统，树立时代责任感和使命感。

4. “礼赞祖国，喜迎国庆”主题团日活动

2017—2019 年，每逢十月国庆日，团支部组织支部成员开展“礼赞祖国，喜迎国庆”主题团日活动。通过邀请党委书记、团委书记等学校领导开展国旗下的讲话，鼓励支部成员坚定理想信念；通过开展爱国知识问答、主题观影、主题讨论等方式，铭记历史，回顾成就，民族的振兴和祖国的繁荣昌盛令成员们无比自豪，立志为实现中华民族伟大复兴的中国梦而努力奋斗。

（二）思路与理念

团支部结合学校中外合作办学特色，坚持社会主义办学方向，重视班风学风建设，紧紧围绕一个中心“服务团员青年”，牢固立足两个定位“以学生为主体，以学风为引领”，坚持树立三个理念“文化兴团、志愿振团、学风促团”。重点打造四项活动：一是围绕主题团日活动，开启团员青年思想引领新篇章；二是围绕阵地建设，拓宽团员青年实践平台；三是围绕思想教育纪念日，倡导爱国、爱团教育入心入脑；四是围绕新媒体新形势宣传作品，打造学校团学品牌特色成果。

（三）工作成效

1. 政治素养明显提升。团支部成员积极参与学校的各类社团、团学组织，社会实践及志愿服务等活动，4 位同学被评为“优秀团干”，经过团推优，目前共有预备党员 2 名，发展对象 2 名。

2. 爱国情怀不断增强。团支部通过连续三年的“礼赞祖国，喜迎国庆”主题团日活动及爱国主义座谈会，坚定支部成员理想信念，弘扬爱国主义精神，激励支部成员勤奋学习、奋发有为，支部成员曾代表学校参加福建省“一马当先”知识竞赛及古田会议“红色教育”培训班。

3. 专业素质不断提高。作为国际电子商务专业的团支部，支部充分发挥学校中外合作办学的优势，积极参与各项专业技能大赛，支部团员曾获 2018 年全国职业院校关务技能大赛团体三等奖，2018 年全国职业院校关务技能大赛个人三等奖，2018 年“龙岩杯”海峡两岸大学生企业经营创意竞赛大陆地区选拔赛三等奖，2019 年福建省职业院校技能大赛高职组企业沙盘模拟经营赛团队优秀奖。

4. 宣传效果卓越。支部组织编排的节目情景讲述《福建英雄谱》献礼新中国成立 70 周年，通过学校多个平台推送，得到社会广泛关注；组织拍摄的《光荣啊！中国共青团》合唱视频，献礼“纪念五四运动 100 周年”，成为学校团学的品牌活动。

（四）经验做法

团支部紧紧围绕“文化兴团、志愿振团、学风促团”的理念，结合学校中外合作办学特色，利用学校丰富的实践平台，以团日活动为载体，以重大节日为契机、资源开展多种多样的团的活动，在此总结如下：一是理论学习与体验教育相结合，以生动有趣的体验式教学，让理论学习入脑入心；二是常规工作与特色展示相结合，将团日活动通过多媒体的方式进行展示与传播，凝聚青年团员，增强宣传影响力；三是团的活动与品牌建设相结合，通过团日活动、团推优、团的理论学习等常规活动，团支部干部及成员积极挖掘亮点特点，打造团学活动品牌，增强团支部活力与战斗力。

三、工作感悟

在全球化、信息化和网络化背景下，高校是人才培养和文化传承的重要基地，是各种思想文化交流交融交汇的地方，是意识形态工作的前沿阵地，红色教育在青年团员中的传承和发扬，有助于提升高校意识形态工作的生命力。

团支部持续深化推进习近平新时代中国特色社会主义思想和党的十九大精神进班级，深度挖掘中外合作办学特色与团支部成员思想政治教育的交叉点，开展各项创新特色活动，树立团学特色品牌，构建文化育人、情感育人、实践育人“三位一体”的育人体系，培养一批批优秀的青年团员。

作者：邓斯亓　福州墨尔本理工职业学院 2017 级电子商务 1 班团支部

践行生态文明　勇担青春使命

一、支部简介

厦门理工学院环境科学与工程学院16水务工程班团支部共有39名团员。支部充分发挥党员的引领和示范作用，带领团员以每月一主题的形式，常态化开展“小我融入大我，青春献给祖国”之“保护母亲河”水资源保护系列主题团日活动，将护河实践行动与专业学习和团员青年的思想教育结合起来，引导团员青年在社会实践中了解国情，接受教育，增长才干，培养家国情怀，以实际行动践行初心和使命。2019年获校“五星级先进团支部”、福建省“智慧团建五星团支部”。

二、案例解析

（一）案例概述

习近平总书记强调：“生态文明建设同每个人息息相关，每个人都应该做践行者、推动者。”支部充分发挥党建带团建的作用，结合习近平生态文明思想的学习和专业特色，确定创建“生态文明型”团支部的目标。自2017年学院响应福建省河长办、团省委号召发起大学生暑期社会实践“河小禹”专项行动以来，支部积极行动，组建“美集许溪”河小禹社会实践队，支部全员参与，结合水务专业深入护河一线，持续开展“保护母亲河”系列环境保护、环境教育主题团日活动。结合“小我融入大我，青春献给祖国”“不忘初心、牢记使命”等主题教育活动，将实践行动从暑期集中开展，延伸为平时“每月一主题”常态化开展，在3年的时间里走遍集美区6个镇街18个社区和4个小学，开展环境宣传活动共计22场，唱响了保护母亲河的主旋律，吸引更多青少年和社会公众关注和参与母亲河保护行动，覆盖面达1600多人次，以良好的效果获得政府和社会的广泛认可。

“不忘初心，牢记使命”主题教育活动开展以来，支部将“守初心，担使命”从党员延伸至团员，每名团员列出自己的“使命清单”，将“第一课堂”所学水务专业知识用于解决护河实际问题。支部组建 7 个科研团小组，结合与河长共同巡河、参与护河工作等实地工作，围绕水资源保护、水污染防治、水环境执法监管等方向开展专题研究，在专业老师的指导下，结合挑战杯及大学生创新性项目等，开展保护母亲河的专项研究，建立保护母亲河长效科研机制，学以致用，形成实效，不忘奋斗初心，勇担青春使命。

（二）思路与理念

支部党员人数占比较高，因此支部充分发挥党建带团建的作用，以丰富多彩的形式加强习近平新时代中国特色社会主义思想的学习。结合习近平生态文明思想的学习和专业特色，确定了创建“生态文明型”团支部的目标，以“水清，河畅，岸绿，景美”为宗旨，积极参与厦门市生态文明示范区建设，通过宣传河长制、参与护河实践，加强公民生态环保意识，构筑全民行动体系，让每个人都成为生态文明建设的重要参与者、贡献者、引领者，以实际行动弘扬社会主义核心价值观，小我融入大我，青春献给祖国。

“不忘初心，牢记使命”主题教育活动开展以来，在支部党员和支委带领下，支部团日活动在内容和形式的设置上都紧扣主题教育，将实践行动与专业学习和团员青年的教育结合起来，加强专业理论认知，培养综合素质能力，树立家国情怀与正确价值观，促进支部团员的道德修养、知识技能、综合能力的全面提升，培养德智体美劳全面发展的社会主义建设者和接班人，以实际行动践行初心和使命。

（三）工作成效

在支部思想建设上，充分发挥党员的引领和示范作用，以丰富多彩的学习形式引领团员学习语近人、学平语近人，支部风清气正，积极上进，递交入党申请书比例为100%，入党积极分子、党员占比位列学院第一；结合专业和时代需求确定的“生态文明型”支部建设目标获得团员的认可和支持，将小我的成长融入大我的发展，团员主动学习提升，多期“青年大学习”的学习率均达到100%；支部成员荣获学院主题“微团课”大赛三等奖、“青年有信仰，奋斗新时代”主题征文三等奖等。

在支部组织建设上，支部组建的“美集许溪”河小禹社会实践队，在暑期走进集美区 6 个镇街 18 个社区和 4 个小学，开展环境宣传活动 22 场，2017、2018 连续两年荣获福建省大学生暑期“三下乡”社会实践先进团队，相关事迹获得福建日报、人民网、中青网等多方媒体报道。在此过程中，支部注重对朋辈的宣传引导，唱响保护母亲河的主旋律，相关作品获得 2018 年团中央“镜头中的三下乡”优秀摄影奖、福建省“河小禹”公益微视频大赛一等奖、文学作品三等奖；支部还组织承办集美区世界水日公益宣传、绿色家园垃圾分类公益宣传等活动，发动团员积极参与学校周末文化集市，通过“生态瓶制作”“创意环保袋”等特色摊位宣传环保理念，吸引更多青年学生关注和参与到生态文明建设中来，发挥同侪示范，理念薪火相传。

在团员成长成才上，在专题科研小组和科研机制的作用下，支部先后有22名团员申请参与创新性实验项目，共有4个项目获省级立项、7个项目获校级立项；有3位成员分别在第19届亚洲放电会议（19th Asian Conference on Electrical Discharge，ACED）发表论文1篇，《安全与环境学报》发表论文2篇；支部成员学科竞赛参与率达70%，获得奖项及荣誉称号28个，学业成绩与专业技能均得到大幅度的提升。

（四）经验做法

思想引领：充分发挥党建带团建的作用，将主题教育活动延伸至团员青年，团日实践行动与专业学习和团员青年的思想教育结合起来，引导团员青年在社会实践中了解国情，接受教育，增长才干，培养家国情怀，以实际行动践行初心和使命，实现社会价值。

紧扣专业：结合专业和时代需求确定的“生态文明型”支部建设目标获得团员的认可和支持，激励团员将“第一课堂”所学水务专业知识用于解决护河实际问题，将小我的成长融入大我的发展，自觉成长成才，目标同向也增加团支部的凝聚力。

凝心聚力：支委对主题团日进行系统地思考和设计，同时充分利用学院、学校、社会等各方平台和资源，积极寻求老师及学长学姐的帮助，以针对性强、富有效果的活动设计充分调动支部成员的积极性和参与度，系统化设计具有长效性、可持续性的系列主题团日活动。

三、工作感悟

实践育人是高校人才培养的重要环节，是课堂教育的延伸和升华，也是加强和改进大学生思想政治教育的重要途径。本团支部充分发挥党建带团建的作用，结合专业进行系列化、品牌化的主题团日活动设计，将实践活动与专业学习和青年团员的思想教育结合起来，激励团员成长成才、激发支部活力进行有益的实践和探索。

该案例立足新时代、贯彻新思想，主题突出，措施具体，有较强的时代性、创新性和可操作性，对于提升高校人才培养质量，增强团员思想政治教育的实效性，具有重要的实践意义和推广价值。

作者：张小佳　厦门理工学院环境科学与工程学院16水务工程班团支部

爱心助力青春 圆梦扬帆起航

一、支部简介

厦门医学院药学系2017级生物制药1班团支部有26人，团员25人，获得校“十佳志愿团队”、校“五四团支部”、团建系统“五星团支部”等荣誉。支部紧紧围绕学好习近平新时代中国特色社会主义思想，践行党的十九大精神，践行服务社会、爱心奉献的精神。

二、案例解析

（一）案例概述

“志愿服务是社会文明进步的重要标志”，大学生志愿者活动是一种有效的思想政治教育形式。入学以来，支部在学校各组织支持下，积极引导支部的团员参与敬老爱老、关爱幼童、义务导诊、整理图书等类型志愿服务，同时与爱欣敬老院、灌口幼儿园、锦园中医院、厦门市图书馆、集美少儿图书馆等建立多样化志愿服务基地，打造品牌化志愿服务项目，提升团支部青年志愿服务积极影响力，在提升医学生思想文化素质的同时，更为培育医学生良好的医者仁心打下坚实基础。

（二）思路与理念

青年志愿者对学生品德形成和修养的完善具有重要意义，对培养复合型、应用型人才起着重要的作用，有利于推动社会风气形成，促进社会和谐。支部开展志愿者活动是一种道德教育的形式，是培养理想人格、塑造个体内在道德品质、调节个人社会行为、形成良好的社会舆论和社会风尚的重要手段。通过活动，发扬名医先贤的高超医术及传统中医治病救人的敬业态度，传播了中华民族优秀的中医药传统文化，同时提高学生自身道德修养和道德境界。

（三）工作成效

支部青年志愿服务者在思想上坚持以习近平新时代中国特色社会主义思想

为引导，围绕学校“四尽人才”培养目标，把增强专业创新能力培养与服务实践育人有机统一，增强服务效果，志愿服务不断加强，铸就医学生的医者仁心。

一是定点联系，志愿服务常态化。常态化的服务项目是推进志愿服务的有益渠道，是提高学生综合素质的有效方法。自2017年以来，支部青年志愿服务先后与爱欣敬老院、灌口幼儿园、锦园中医院、厦门市图书馆、集美少儿图书馆等建立多样化志愿服务基地，开展日常志愿服务。彰显良好志愿服务精神，培养良好的医者仁心情怀。

二是服务面广，学生参与率高。青年学生志愿服务活动的目的是给青年学生志愿者提供一个奉献自己、服务社会的平台，支部青年志愿活动开辟多样化的志愿服务平台项目，拓展青年学生志愿服务活动的空间，吸引广大学生参与。

三是服务与育人协同并进，育人效果突出。医学院大学生在社区等志愿服务活动中不断巩固、树立严谨的治学精神，在社区志愿服务中的多种特点，如长期性、持久性，则能够磨炼志愿者的意志及处事的态度。暑期“三下乡”爱心活动等项目的开展，服务活动的开展，在激发学生志愿服务精神的同时，医学生严谨的治学精神不断提高，医学生良好的职业素养不断获得提升。

同时，团支部通过扎实工作，广获好评。先后获评2019年校团建系统“五星团支部”、校“五四团支部”等荣誉。支部学生所学的知识基础扎实、创新实践能力强、团队合作能力强。苏艺艺获得2019年校园十佳志愿者，吴婷获得2019年校职业生涯规划大赛二等奖，高翠琳获得2018年校职业生涯规划大赛三等奖。参与大学生创新创业项目的人占全班的90%，其中国家级大学生创新创业项目两项，先后有40%的学生拿到奖学金。

（四）经验做法

当前，团支部逐步探索形成品牌化志愿项目，志愿服务向纵深发展。打造“爱心义诊项目”“爱老敬老服务项目”“关爱幼童项目”“书籍整理项目”四个项目。在活动开展的过程中有支部成员接受电视台记者的采访，以及厦医药学谈微信公众号的活动推文。

爱心义诊项目：该项目旨在弘扬雷锋精神，引领健康风尚，义诊是关爱他人的表现，是医院救死扶伤的医德体现，也是为社会奉献爱心的美德。目前，17生物制药的青年爱心敬老服务项目有凤泉广场义诊等活动。

爱老敬老服务项目：该项目旨在关怀社会，传递爱心，传播文明，倡导社会文明新风尚。目前，支部青年志愿爱老敬老服务项目开展多元化：平常陪伴老人及为老人生日会做准备。

关爱幼童项目：该项目旨在发动大学生志愿者关爱幼童，奉献爱心，关注社会弱势群体，帮助幼儿园中需要关心和帮助的人，增强大学生志愿者的社会责任感，培养医学生爱心精神。目前，支部青年志愿爱心服务项目有灌口中心幼儿园、三社小学支教活动等。

书籍整理项目：该项目旨在发动大学生志愿者协助图书馆整理书籍，促进城市文明创建和城市文明形象塑造。目前，药学系17生物制药1班团支部的青年志愿书籍整理项目有厦门市图书馆和集美少儿图书馆等系列活动志愿者。

三、工作感悟

高校团支部加强志愿服务、社会实践工作，要注重对实践育人体系进行科学、合理的优化，加强内涵建设，更好地为学生的成长成才服务。

一是加强互动，“走出去”与“请进来”相结合。加强与各社区的双向互动，除了组织学生“走出去”深入社区开展各类实践活动之外，还将采取“请进来”的方式，邀请社区党员干部、先进典型等不同类别群体走进校园，让学生们更深入了解基层工作，感受学校与社区生活的不同。同时组织社区群众观看学校举办的活动，让他们感受大学生活的丰富多彩，充分展现学生的青春风采。

二是要师生联动，课堂教学与课外实践相结合。支部应充分发挥教师资源，鼓励和组织热心公益事业的教师与同学们共同参与这些志愿者活动。通过教师亲身参与社区实践，实现言传和身教相统一，潜心问道和关注社会相统一，提高育人水平，更好地担起学生健康成长的指导者和引路人的责任。

作者：吴婷　厦门医学院药学系2017级生物制药1班团支部

弘扬环保文化　坚定时代精神

一、支部简介

厦门华夏学院2018级环境科学与工程1班团支部由38名团员和1名群众组成。支部委员配备齐整，随缺随补，按期换届。支部委员分工明确，支委会运转正常，能发挥作用。团支部着重加强思想政治教育工作，从班级的实际出发，经常对团员和群众进行、习近平新时代中国特色社会主义思想、革命理想和革命传统、党的方针政策、时事政治等内容的教育，提高思想理论水平，树立坚定的政治方向。

二、案例解析

（一）案例概述

6月5日为世界环境日，反映了世界各国人民对环境的认识和态度，表达人类对美好环境的向往和追求。顺着时代的脚步，环保意识逐渐深入校园。18环境科学与工程一班团支部积极响应国家和社会的号召，参与到弘扬环保文化的活动中来，希望通过努力带动全校师生，共建绿色华厦。

活动分为两个部分。活动一为“光盘行动”，活动地点在学校食堂；活动二为游园活动，活动地点在图书馆门口和致远楼旁，由7个项目组成。所以整个活动共8个活动内容，每个活动是一个打卡点，同学们参与一个活动即完成一个打卡，打卡满7个可到活动点进行登记，现场扫码进QQ群，后期发放0.25绿色纸质学分奖励及“环保卫士”荣誉证书。

（二）思路与理念

对于新时期的大学生团员，传统的组织学习方式已经不能满足学习需要，也很难调动学习的积极性，发挥出创造性。由此团支部根据现阶段团员的个性特点，决定开展多样化、多角度、多方位的支部活动，力争在传统实践的基础上寻求突破。

环境科学与工程专业，从字面意思来看，就是处理与环境相关的各种问题，而实际上也是这样。由于我国经济持续高速发展带来的巨大的环境压力，解决环境问题的知识需求及大量专业人才的需求已经成为环境科学与工程学科进一步发展的动力，21 世纪将是环境科学与工程学科的蓬勃发展时期。国家的基本政策决定了此专业重要的社会地位，为了实现社会、经济的可持续发展和促进人民生活质量的不断提高，国家已经把环境保护作为一项基本国策。

在团支部的建设过程中，除了发散思维、创新工作方法外，更重要的是立足实践，坚持理论联系实际，坚持从团员的最基本的需要出发。团支部选择环保这个主题，以丰富多彩的活动形式吸引大量同学前来参加，将此次团学活动的受众由团支部成员推广至校园内其他团员及群众，充分宣传贯彻习近平新时代中国特色社会主义思想，弘扬社会主义核心价值观。

（三）工作成效

团支部开展环境日主题活动提高了同学们的环保意识，让大家在日常生活中能够督促自己的环保行为，自觉地保护环境，让环保真正地走进校园，走进生活。与此同时也体现环境科学与工程专业的同学们对环境保护的责任与义务，使团员及群众更为积极且热忱地投入团学活动中，也真正将党团组织的最新理论成果和基础理论知识植入广大团员和群众的意识中。

（四）经验做法

团支部将活动分成光盘行动和游园活动两部分，在光盘行动中鼓励大家节约粮食，共同营造节约型绿色华厦氛围。游园活动由 7 个项目组成，分别是垃圾分类、你比我猜、“多一片绿色”、塑料瓶变废为宝、环保知识竞答、废旧电池回收签名墙、视频录制。通过丰富多样又颇具趣味性挑战性的游戏打卡形式，将活动现场气氛推至高潮，调动所有人的学习积极性和创造性。

此次环境日活动贯彻习近平新时代中国特色社会主义思想，弘扬社会主义核心价值观。同时，这也是一次围绕履行团的基本职能和思想引领、成长服务这两大核心任务开展的富有特色、受到同学广泛欢迎和参与的团学活动。

三、工作感悟

（一）典型特征

团支部的建设典型案例活动形式多样，富有趣味性，充分地调动同学们的积极性和创造性。非常适合于团支部利用专业特色，开展提升支部成员综合素质类活动。

（二）推广价值

“弘扬环保文化，坚定时代精神”这一案例，充分发挥本团支部自身的专业优势，很好地呼应世界环境日这一主题，并且表达人类对美好环境的向往和追求。光盘活动做到倡导华厦学子“厉行节约，反对铺张浪费”，带动大家珍惜粮食，吃光盘中的食物；游园活动通过颇具趣味的游戏打卡形式，带动全校师生参与环境保护日的积极性，同时也能推动和谐社会的构建。这一活动有利于团组织的凝聚力建设，提高基层团组织的影响力，也提高团青年的参与活动热情，有利于基层团支部活动的开展。

（三）思考建议

活动形式可以更加丰富，例如制作分类回收箱，鼓励同学们收集生活中的各种废旧材料，使废旧物品在世界环境日教育中成为有价值的教育资源。组织形式可以更加丰富，例如与其他支部交流学习等。通过各支部交流学习，互相分享活动举办的成功经验。

作者：范瑶　厦门华厦学院 2018 级环境科学与工程 1 班团支部

翻转课堂：构建团支部学习共同体

一、支部简介

厦门工学院2019级市场营销4班团支部有团干3名、普通团员20名。团支部组织每周一次翻转课堂，以习近平新时代中国特色社会主义思想，贯彻落实党的十九大精神，按照新时代团支部的建设，由各位团支部成员自由选择题材，通过每个人不同的讲解角度，全面了解中国，引导大学生们传承文化，坚定爱国爱党爱团信念，争做担当民族复兴大任的时代新人。

二、案例解析

（一）团支部活动流程

第一步：学生围绕一个选定的核心价值观主题，搜集大量的视频和资料，进行筛选、编辑和组装，形成一个完整的主报告，并整理出相应的演讲稿对同学们进行宣讲。

第二步：学生把学习和践行核心价值观过程中的所思、所想、所见、所闻和所得，以及此场报告的前期准备工作等录制成微电影、纪录片、快闪等方式进行展示播出。

第三步：学生自己走向讲台，用PPT的形式加上相关有趣的短视频，结合实际进行讲解，更多地融入自己的个人观点、个人的独立思考、个人的理解和认识。从多方面了解到每位同学不同的诠释。

第四步：每场翻转课堂都将随机从老师和学生之间抽取出评委，对进行宣讲的同学进行评分和评讲，具体分析每位同学的优点和缺点，并对不足之处给予更好的改正方法，对好的地方进行推广和学习，4场报告会结束后进行一次对总体宣讲的学生的总的评讲和评比活动的颁奖。

（二）思路与理念

翻转课堂是一种全新的教学模式，通过将以“教”为中心的课堂向以

"学"为中心的学堂转化，实现形式与内容的互动。此项活动有机地将"翻转课堂"运用在社会主义核心价值观教育上，学生们由被动的学习者转化为主动的授课者，极大地提高参与度与参与热情，而且极大程度上地培养学生们的学习自主性和积极性。学生们能够主动地了解到老师平常课外更深层次的知识。老师们只从思想立意方面审查，主要围绕社会主义核心价值观这一主题，学生可以通过各种各样的表现形式，选择自己能够接受的、更喜欢的表现形式。如此一来，课堂也不再拘束、死板，学生既能够了解到平时在课堂上之外的更深层次的知识，也锻炼了独立思考的能力和动手能力。将同样的知识内容通过不同的形式表现出来，学生更愿意接受。

（三）工作成效

不怕学生不学：通过选定的核心价值观主题，6个同学一组大量地搜查资料和观看海量的视频，从中选取最好的一份呈现给小组，最后选出最佳报告进行剪辑制作。每一个过程保障每个学生能够参与到学习的准备工作当中，成功解决掉"少数人做，多数人看"的困局。不怕你不来：每场报告都由学生自行组织，到会人数是重要的评分指标，因此学生会通过各式各样的途径，如海报、微信、QQ、微博、抖音等，积极争取观众到场参加。通过这个方法直观了解政治报告会观众组织的情况。不怕你不听：学生自己走上讲台进行讲解的效果非常好，因为采用评分的形式，为了班级和小组的荣誉，学生们积极参与，十分用心，不仅精心制作 PPT，而且把核心价值观理论和大学生活有机结合，既有理论高度，又将大学生该如何践行进行阐释，使价值观学习很接地气。作为观众，因为每位同学都参与制作，而且主讲者是身边的同学，其讲解也更加简单接地气，更容易让学生们接受。不怕学不广不宽：准备过程是内容极其丰富的学习过程。从学生自己亲自进行准备，再通过别的同学做出的报告进行学习，整个过程都是学生自己主动学习的过程，学生学习的热情高涨。

（四）经验做法

要积极地挖掘出每位学生的长处，使学生对此拥有一定的自信心，进行更深层次的学习。将原本枯燥的课堂隐喻为一场场暗藏玄机的战斗，增强了学生们的胜负欲。通过学生们自己的讲解，使得课堂更加接地气，也更好地理解和吸收；通过学生们自己的学习，一个个的引领，就会让核心价值观扎根到每个人的心中。在这项活动的带动下，学院营造起浓郁的社会主义核心价值观学习氛围。这项活动不仅仅局限于一个学院，而是扩展到了整个校园，不仅局限于课堂，而是普及到生活的方方面面。

三、工作感悟

翻转课堂形式新颖，内容活泼，很好地利用了师生互动的教学沟通理念，有利于贯彻落实党的十九大精神，深刻体会社会主义核心价值观，引导大学生们传承文化，坚定爱国爱党爱团信念，争做担当民族复兴大任的时代新人。以微电影、纪录片、快闪等方式进行展示播出，加上走向台前使用 PPT 演讲，将时代特色带入了团学工作并注入心得与活力，有利于团组织的凝聚力建设，提高了基层团组织的影响力，也提高了团青年参与的活动热情，有利于基层团支部活动的开展。同时将活动多媒体化对激发团青年创作热情提供助力，对团青年的创新能力提出挑战，也丰富了团员青年的大学文化生活，是每个团员展示才能、发展才能的平台。

作者：王莲婷　厦门工学院 2019 级市场营销 4 班团支部

四进四信展活力　红色血液恒流淌

一、支部简介

厦门华天涉外职业技术学院2018级软件技术4班团部建立于2018年9月，支部有二十一名团员，支部团员积极向上，无论在支部学风建设上，还是在各项活动的举办上，本团支部都取得了可喜的成绩。结合支部具体情况，制定了健全的支部工作制度，包括列会制度、活动制度、团日制度、推优制度、选举制度，明确各个委员成员工作职责。在活动方面，支部每月或者不定期举行围绕主题学习并召开具有特色的活动。

二、案例解析

（一）案例概述

支部活动主要包括主题团会、知识竞答、集体宣誓、演讲、观看红色影视文化等多种形式，举办"学党史，知党情，跟党走"的主题团日活动。活动分为党员同志分享会、重温入团誓词、关于党团知识的知识竞答、合唱《歌唱祖国》、趣味猜红歌名和红歌对唱等环节，支部在学习党的成立和党的历史时，呼吁大家积极向党组织靠拢，时刻谨记党的教诲，以党员的行为准则来约束自己，在以后的生活、学习、工作中不断进取，争取做一名优秀的共青团员。在活动快结束时同学们纷纷起立朗诵《我和我的祖国》，朗诵声高亢嘹亮，彰显新世纪青年们的满腔热血。同时在团支部精心准备开展"四信四进"主题团会，各团干发言之后，团员随即围绕主题团会展开激烈发言与讨论，秩序井然，每个人都结合自身实际谈自己的想法，部分同学就"如何学习宣传'四进四信'"提出自己的建议，使主题团会在轻松愉悦的氛围之中度过。

（二）思路与理念

为用心响应学校"五位一体"育人模式的号召，贯彻党总支关于提高思想建设的理念，深入实施"青年马克思主义者培养工程"，更好地宣传优秀大学生典型，发挥模范带头作用，进一步凝练和培育大学生精神，加强大学生思想政治教育。支部的团日活动以“四进”为手段，以“四信”为目标，通过“进支部、进社团、进网络、进团课”，组织开展工作和活动，引导帮助本团支部团员进一步牢固树立对党的科学理论的信仰，坚定走中国特色社会主义道路实现“中国梦”的信念，深入学习宣传贯彻党的十九大精神及习近平新时代中国特色社会主义思想，引导大学生强化理论武装，坚定理想信念，听党话跟党走，不忘初心、牢记使命，走在时代和青年前列，勇做担当民族复兴大任的时代新青年。

（三）工作成效

通过这次学习活动，首先在思想上，本团支部认识到作为新时代的大学生，作为共青团员，为建设有中国特色的社会主义宏伟大业而努力是每一个青年知识分子应尽的责任，应牢固树立对党的科学理论的信仰，坚定走中国特色社会主义道路实现“中国梦”的信念、增强对党和政府的信任、增进对以习近平同志为核心的党中央的信赖，关注社会的发展，关注民生。通过学习“两会”精神，使全体团员的马克思主义理论水平、思想政治觉悟得到进一步提高。在接下来的学习中，本团支部决心不断加强自身的思想政治修养建设，加强对党的路线和方针政策的认识和理解，使团员在以后的学习中有更强的精神动力，并树立正确的人生观、世界观。全体团员将学习贯彻党的十九大精神作为共青团当前的首要政治任务，做实“三会两制一课”，坚持理论武装和实践锤炼的知行合一，在思想上、政治上、行动上始终与以习近平同志为核心的党中央保持高度一致。团员的爱党爱国情怀显著增强，对国家和民族的发展前景更有信心，对习近平总书记更加爱戴，切实增强把个人梦想融入中国梦的高远志向和时代责任。

（四）经验做法

根据学生的特点，积极组织同学们广泛开展课外活动，促进同学们良好个性的发展。这一作用的机制在于，对于同学们共同参加的课外活动，要求大家共同遵守其活动规则，要求参加者具有一定的能力和素质，加强每一成员的配合、协调和互补，因此，在以后课外活动中，是要重点强调的一点。比如，某些同学由于学习基础较差，平时沉默寡语，心灰意懒，了解情况后，鼓励他们去参加课外活动，渐渐地恢复他们对学习的信心。例如，今后的集体活动需要友爱、关爱和尊重，辩论需要理智和幽默，演讲要有激情，文艺活动能使人大方、活跃，等等。课外活动作为教育的第二渠道，在充分发挥学生的智慧和才能的前提下，可以全面发展个性。

三、工作感悟

“我和我的祖国”是永远谈不完的话题，通过此次专题组织生活会，让同学们更加明白自己与祖国血肉相连的感情，感受到国家对自己的殷切期望，唤起大家对祖国母亲的热爱。大家纷纷表示要进一步增强社会责任意识，努力提高自身各方面综合素质，时刻准备着为祖国的繁荣昌盛做贡献。

在学习开展过程中，本团支部采用有利于提高学习效果的政治理论学习形式，如互动学习、辩论赛、诗朗诵、知识竞答、座谈会等形式，让支部同学积极参与到政治学习中去，充分调动班级的积极性，团支部做好活动及相关文字、视频的资料保存，及时总结，不断改进。

作者：郑传强　厦门华天涉外职业技术学院 2018 级软件技术 4 班团部

安全案例现身说法　团员青年教育先行

一、支部简介

闽南理工学院服装与艺术设计学院1721011班团支部成立于2017年9月，现有团员人数37人。团支部注重团组织建设，积极创建“星级团支部”，维护青年合法权益，做实“三会两制一课”“智慧团建”工作，数字团建信息录入率、团籍注册率、网络志愿者比率、团员参与率均达100%，现为五星级团支部，曾于2019年荣获“泉州市五四红旗团支部”。

二、案例解析

（一）案例概述

近年来，防诈骗安全宣传教育是高校安全宣传工作的重点，也是难点。如何进一步提升学生安全素养、强化学生安全意识，保障学生生命财产安全，维护青年合法权益。本团支部从同学们自身实际出发，组织开展形式多样的防诈骗安全教育活动，创新“安全教育方式”，让同学们亲身体验，总结和分享经历，真正做到自我教育、自我管理、自我服务、自我监督，最终达到自我防范。

（二）思路与理念

本团支部针对近年来校园诈骗案件频发的问题，率先在班级组织开展防诈骗宣传教育“三步走”活动，旨在维护青年学生合法权益。

第一步：采用传统教育方式，组织开展防诈骗安全教育讲座针对当前大学生群体面对各类诈骗案件时普遍存在的防范意识差、辨识能力弱、应对水平低的现象，支部邀请公安机关人员进校，为成员讲解防诈骗知识。通过典型案例分析，结合多年来的实践经验，全面总结高校大学生容易受骗的各种类型，要求青年学生树立正确的消费观和金钱观，不贪图小利，理性消费；掌握防诈骗常识，做到“谈钱色变”，不听不信不落入骗局，增强辨识能力。

第二步：模拟再现诈骗情景，还原青年学生被骗过程。

"纸上得来终觉浅，绝知此事要躬行"。为进一步强化理论教育效果，本团支部创新使用"情景模拟"教学，邀请当地警察做指导，组织同学们按照"冒充公检法诈骗""医保、社保诈骗""解除分期付款诈骗""借中介为名诈骗""网络刷单诈骗""交友诈骗""包裹藏毒诈骗""票务诈骗""快递诈骗""提供考题诈骗""订票诈骗""伪装身份诈骗""购物退款诈骗""代购诈骗""点赞诈骗""二维码诈骗""汇款诈骗""网购诈骗"等19种诈骗类型现场情景演练，真正做到将理论运用到实际。

第三步：回收分享被诈骗故事，升华防诈骗主题教育内容。

本团支部围绕"防诈骗"主题，组织开展诈骗故事分享会，通过一个个"被诈骗故事"的分享，逐一指出校园内或自身所遇到过的常见诈骗方式，让青年学生充分意识到诈骗分子伪装多变，方式多种多样，必须时刻提高防范意识，牢记"三不"，即不轻信，不泄漏，不转账。

分享会结束后，本团支部摘取被诈骗故事，提炼故事中精彩片段，设计主题教育内容，以点带面，在全校范围内推广。

（三）工作成效

团支部发挥全体团员青年服务社会的功能，主动联系公安机关民警，把高校学生思想教育工作与警察办案经验相结合，让警察现身说法，让学生面对面接受防诈骗教育，起到直接有效教育。为打造特色团支部，争做学习型团支部，力争成为创新型团支部，团支部从团员青年防诈骗工作出发，维护团员青年合法权益，为校园安全和谐稳定做出努力。

（四）经验做法

任何事情的出现与发生，都存在着相应的因果必然性，都有一定的规律可循。本团支部运用安全事故典型案例评析与讨论这个手段，一是可以使人明白事理，把握内在规律，通过对发生在身边的不安全案例的评析与讨论，了解青年学生受骗的来龙去脉，找到事件发生的真实原因，进而发现不安全事故的萌发规律。二是可以使人吸取教训，提高防范能力，俗话说："教训于己，是弥足珍贵的直接'经验'，所以有人说'花钱买了一个教训'；教训于人，是最为宝贵的直观'经验'，所以有人说'前车之鉴，后事之师'"。诸如，"诈骗类"列举的"冒充'上级领导'的骗子""莫要轻信'大老板'""求职陷阱"等一个个案例，所揭示的教训是惨痛的。

团支部创新防诈骗安全宣传方式方法，引导青年学生"勤学、修德、明辨、笃实"，引导大学生遇事要多问几个为什么，对于那些"温柔的陷阱""美丽的谎言""天上掉下来的馅饼"，要心存戒备，及时察觉，提高防范和妥善处置的能力。

三、工作感悟

本团支部围绕做实“三会两制一课”“智慧团建”主题，立足团员青年服务社会的功能，率先在班级内部组织开展“防诈骗”主题教育，创新工作方式方法，引进校外司法人员进校宣传，现身说法，再现青年学生受骗情景，旨在维护青年学生的合法权益。

本团支部通过大胆创新，深入青年学生中搜集被骗实例，分享被骗故事，回收故事精彩片段，升华主题教育内容，更好服务青年学生，让更多青年学生受益；通过加强团支部建设，提升组织凝聚力和号召力，让全体团员青年参与其中，使本团支部的各项活动开展得有声有色，为创建特色团支部、学习型、创新型团支部提供有力保障，值得推广。

作者：何爱萍　闽南理工学院服装与艺术设计学院 1721011 班团支部

我与祖国共奋进

一、支部简介

泉州幼儿师范高等专科学校学前教育1835班团支部共49人，团员人数49人。团支部每月定期召开团小组会、团支委会、团员大会、团课及团观摩会。线下学习结束后，还会开展线上学习活动，通过智慧团建开展的“三会两制一课”，让各团员们点赞、报名进行学习，进一步了解当月所宣扬的主题。

二、案例解析

（一）案例概述

案例围绕“我与祖国共奋进”的活动主题，根据学校团委与学院团总支的安排，并结合班级团支部的实际情况，以深入推进创先争优活动为契机，以创建先进基层团组织为目标，开展线下的动员大会、团小组会、线上智慧团建的“三会一课”及主题演讲活动，进一步激励和引领班级同学大力弘扬爱国主义精神，激发爱国主义情感，鼓励同学们积极迎接新时代新使命。

（二）思路与理念

思路：为庆祝新中国成立70周年，支部以“我与祖国共奋进”为主题，采取线上与线下活动相结合的方式开展系列活动，通过线下活动进一步活跃班级文化气氛，丰富大学生课余生活，营造良好的学习氛围。

1. 参加“我与祖国共奋进”主题动员大会。该动员大会集中支部团员，召开团员座谈会。要求所有团员都必须到场，并安排团支部书记发言，团员代表发言，自由发言等环节，团员代表要提前制作以“我与祖国共奋进”为主题的PPT，并写好策划案为发言做好充分的准备。积极参加学校组织的动员大会，让各团员更好地了解如何与祖国共奋进。

2. 召开“我与祖国共奋进”主题团小组会。班级内部自行组织召开团会，制作“我与祖国共奋进”的相关主题PPT，并安排一名团员对PPT进行讲解，接着大家相互讨论，自由发言，说出自己对“我与祖国共奋进”的理解和想法。提前准备一些以“我与祖国共奋进”为主旨的影片或相关事迹，组织全班同学进行观看。让同学更好理解“我与祖国共奋进”这一主题，更清楚怎样做到与祖国共奋进。

3. 开展以“我与祖国共奋进”为主题的网上学习。团支书通过智慧团建制作以“我与祖国共奋进”为主题的“三会两制一课”，并进行活动发起，号召班级团员登录智慧团建，搜索主题找到活动后点赞、报名进行学习。

4. 开展“我为祖国庆生”的演讲活动。为庆祝新中国成立 70 周年，深入贯彻落实“不忘初心，牢记使命”“我与祖国共奋进”主题教育活动精神，班级开展以“我为祖国庆生”为主题的演讲，提前让同学代表写演讲稿，并在活动上进行演讲。演讲结束后大家自由讨论发言谈谈自己对祖国的美好祝愿，最后全体同学共同合唱爱国歌曲以此表达对祖国的热爱和祝福。

（三）工作成效

通过一系列的学习让同学们更加了解今天的来之不易。也让同学们进一步学习历史，了解历史，铭记历史，呼吁他们力争成为一个终生奋斗的新青年。通过活动，让他们明白作为新时代的年轻人和大学生的义务是努力学习科学文化知识，不断提高的思想道德素养和科学文化素养，不断提高为他人服务的能力，为成为一名优秀的党员而努力，为建设一个美丽富强的中国而努力。由于团支部创建在学院里较为典型，且班风学风优良，在上一学年被评选为优秀团支部。

（四）经验做法

在团支部创建的过程中，要围绕活动的主题进行分工合作，并制定好相应的活动规则，将每一个环节做好，保持活动的连贯性，使主题思想得到不断地深化。采用线下动员大会、团小组会、主题讲座与线上智慧团建“三会两制一课”的结合，不仅有利于让团员们对“我与祖国共奋进”这一主题有了更为深入的了解，也使他们明白作为一个优秀团员应尽的义务，努力向党组织靠拢，有坚定的理想信念和正确的价值观。不仅如此，在具体实施过程中班级干部与同学的协调配合让彼此都能获得许多宝贵的经验和能力的提升。

三、工作感悟

团支部采取线上与线下相结合的方式开展系列活动，先通过线下的动员大会、团小组会、主题讲座让同学们学习历史，了解历史，铭记历史，目的在于通过多种形式的学习鼓励同学们在活动中获得与祖国同奋进的决心和信心，从而力争成为一个终生奋斗的新青年。线上智慧团建“三会两制一课”学习与线下活动相结合，有利于将理论内化，通过演讲的形式，把自己所学到的东西，通过自己的理解并再次组织语言在班级间进行交流，更好地对“我与祖国共奋进”这一使命表以决心。

作者：吴思媛　泉州幼儿师范高等专科学校学前教育1835班团支部

建设木兰溪　青春志愿行

一、支部简介

莆田学院工程管理工管 181 团支部成立于 2018 年 9 月，是一个团结向上、不断进步、与时俱进的团体。团支部不断完善与规范团内制度，组织团员开展各种形式的思想教育活动，做好工作计划、“三会两制一课”工作、团员推优、团费收缴、团日活动等工作，组织开展形式多样、内容丰富的青年志愿者活动和课外活动。积极与其他班级团支部合作交流，相互交流工作经验，圆满完成党组织和上级团组织交给的任务。

二、案例解析

（一）案例概述

2018 年 5 月 18 日，习近平总书记在全国生态环境保护大会上强调，生态环境问题归根结底是发展方式和生活方式的问题，要从根本上解决生态环境问题，必须贯彻创新、协调、绿色、开放、共享的发展理念，加快形成节约资源和保护环境的空间格局、产业结构、生产方式、生活方式，把经济活动、人的行为限制在自然资源和生态环境能够承受的限度内，给自然生态留下休养生息的时间和空间。

福建省莆田市木兰溪治理是习近平总书记亲自擘画、全程推动治水和生态保护工作的先行探索，他在福建工作时就针对木兰溪治理提出“变害为利、造福人民”的目标和“既要治理好水患，也要注重生态保护；既要实现水安全，也要实现综合治理”的总体要求。

团支部紧跟习近平总书记对木兰溪治理勾画的蓝图，以各种志愿实践活动的形式，建设木兰溪，践行青年团员的碧水责任。为打造出全国生态文明建设的木兰溪样本和“全国水生态文明建设试点城市”奉献自己的一份青春力量。

（二）思路与理念

木兰溪治理是“变害为利、造福人民”的生动实践，党的十九大报告指出，建设生态文明是中华民族永续发展的千年大计。必须树立和践行“绿水青山就是金山银山”的理念，坚持节约资源和保护环境的基本国策，像对待生命一样对待生态环境，形成绿色发展方式和生活方式。木兰溪一系列生态文明建设实践，之所以能够取得今天的成效，归根结底是积极践行习近平总书记“绿水青山就是金山银山”的理念，始终坚持生态保护、绿色发展的道路不动摇，深入贯彻新时代治水方针的结果。团支部紧跟木兰溪治理的目标，为坚持绿色发展理念和为建设美丽莆田，建设美丽中国献策出力。

（三）工作成效

团支部通过线上线下相结合的模式，开展保护木兰溪系列主题活动，将保护木兰溪、发展木兰溪的生态理念融入志愿服务育人平台中，以及通过与学院专业知识结合开展的手绘木兰溪等活动，影响、带动青少年和社会公众增强保护木兰溪和治理木兰溪意识，受到人民日报、福建日报、福建省教育厅网、湄洲日报、莆田晚报、东南网、莆田学院新闻网等媒体多次报道，深受社会各界人士的一致好评和点赞。

（四）经验做法

团支部组织围绕“治理木兰溪”开展线上线下志愿服务活动，传播建设木兰溪，保护绿色生态环境，建设美丽莆田的意识。通过易班线上平台开展木兰溪治理和保护知识竞赛，宣传习近平木兰溪治理理念和“一张蓝图绘到底”的精神等，加深青年团员对木兰溪治理和保护生态环境的理解。同时线下开展“绘木兰神韵，展青年风采”为主题的手绘大赛；前往木兰陂公园开展以“保护母亲河，青春志愿行”为主题的骑行活动，通过骑行，在领略沿途风光的同时，了解防洪工程建设者的不易，珍惜木兰溪治理成果；在木兰溪畔开展筑巢行动，引导更多的鸟儿回归到木兰溪两岸，提高生态平衡，保护木兰溪两岸生物的多样性；在木兰溪开展世界水日宣传，让“节水在路上”深入人心，珍惜水资源，使母亲河永葆生机、更加美丽；以全方位、多时段的方式在木兰溪开展以“悟习近平治水理念，享美丽百里木兰溪”为主题的志愿活动，拾捡生活垃圾，为建设美丽莆田，创建宜居家园献力。

三、工作感悟

团支部以新时代生态文明建设为理念，顺应时代建设“美丽中国”的美好愿景。发挥专业优势特长，组织策划相关志愿者活动，将创新、协调、绿色、发展、开放的新发展生态理念融入志愿实践活动中。将“奉献、友爱、互助、进步”的志愿服务精神向社会传播，大力推广服务他人、奉献社会的志愿理念，让爱和温暖传播到社会的每一个角落。并坚持以“绿水青山，就是金山银山”的生态发展理念，加快推进地方生态经济全面建设，为绿色可持续发展提供动力。

团支部通过完善组织管理，加大志愿活动创新力度，以生动、有意义、有内涵的方式，贯彻新时代生态文明建设，因地制宜结合当地特色以保护木兰溪为志愿服务活动。同时融入习近平新时代中国特色社会主义思想等内容，有助于进一步增强青年团员人生观、价值观、社会观的教育。

作者：李丽楠　莆田学院工程管理181团支部

守护生命　传递健康

一、支部简介

湄洲湾职业技术学院医学院护理182团支部团员人数59人。在2018年度精神文明建设中护理182班荣获“文明班级”称号，荣获“五四红旗团支部”称号。6名同学荣获“精神文明先进个人”荣誉称号，1名同学获得“优秀团员”荣誉称号，1名同学获得“优秀共青团干部”荣誉称号，3名同学获得“宣传工作先进个人”荣誉称号。2018年以来护理182团支部陆续开展“端午送安康，情暖福利院”志愿服务、“5·12”护士节健康义诊、“情暖社区，爱在湄园”健康义诊等活动。

二、案例解析

（一）案例概述

为进一步推动护理182班全体同学思想道德建设和志愿服务行动深入开展，弘扬中华民族传统美德，引导广大团员、青年进一步弘扬“奉献、友爱、互助、进步”志愿精神，护理182班定期开展志愿服务活动，走进街头街尾，走进百姓之中，涉及福利院、养老院、革命老区、居民社区等各种场所，把爱心传进千家万户。在帮助他人、服务社会实践中，锻炼意志品质，提升综合素质，增强奉献意识和社会责任感，努力成为中国特色社会主义事业合格的建设者和可靠的接班人，为祖国建设与发展贡献自己的一份力量。

（二）思路与理念

人间有真情，人间有真爱，只要人人都献出一点爱，这世界将充满爱，充满温暖。20世纪90年代以来，中国老龄化进程加快。老龄化将引发许多社会问题，如老人被骗、老人抑郁症、老人无人赡养等现象在新闻中经常看到。每当团支部成员为他们带去一片爱心，一缕阳光，一份温暖，让他们在晚年之际，仍然能感受到社会对他们的关心与关注！

（三）工作成效

1. 参与面逐步增加

各班级团支部学习和借鉴护理182班团支部的优秀做法，逐步推出更好的志愿服务项目，同时志愿服务参与面越来越广，从义诊类志愿服务活动到文明督导类志愿服务活动，从养老院到汽车站，传递爱、播种爱的范围越来越广。

2. 理想信念愈加坚定

通过志愿服务活动，同学们深刻理解基本国情、国家政策、国家形势，深刻理解社会主义核心价值观，增强自身的责任心、信念感和使命感，让同学们懂得美好生活来之不易，要珍惜生活。

3. 专业水平明显提升

通过走进社会，近距离为老人、儿童服务，大大提高同学们的专业实践水平，并且对专业理论的认知也有很大提升。

（四）经验做法

1. 注重宣传，营造氛围

通过微信、微博、横幅、海报等多种渠道的宣传，营造良好的社会氛围。以点带面，从小小团支部出发，到学院，到社会，逐步让大家从关注志愿服务、了解志愿服务，到参与志愿服务，带动越来越多的人参与到志愿服务中，关注孤寡老人群体，让越来越多的爱汇聚到老人们身旁。

2. 提供美丽清扫，清洁卫生

团支部志愿者们定期到敬老院开展“美丽清扫”志愿服务活动，打扫公共区的落叶和垃圾、清洁窗户和桌椅、整理老人们的床被、晾晒衣物被褥、打扫房间、清洁日常用具、擦洗修理保健器材等，让老人们的居住环境卫生整洁，保障老人们的身体健康。

3. 提供健康护理服务

团支部志愿者们为老人们提供免费测量血压、血糖、疾病诊断及健康咨询等服务，成立专门建档工作小组，建立老人们的专门健康档案，并形成长期跟踪；宣传健康小常识，例如，降压药不能随便吃、隔夜菜少吃等；帮老人们洗头或理发，帮助他们洗衣服；带老人出去散步、锻炼，让老人们彼此间熟悉，促进交流；为老人们读报、讲故事、分享最近的开心事，传递生命正能量；陪老人们聊天，跟他们建立情感交流。

4. 丰富文化生活，活跃生活氛围

组织学校的同学们到敬老院开展文化活动，让老人们感受到蓬勃昂扬的朝气，带动老人们也参与进文艺活动中来，吹、拉、弹、唱、跳，老人们的才艺可不简单。丰富的文化生活大大活跃了日常生活氛围，让老人们的生活有意思起来。

5. 积极探索新模式，尝试新方法

现今是科技时代，是互联网时代，是大数据时代，除了常规的志愿服务，同时还应积极探索新模式、新方法。例如，构建“党建 + 医疗”志愿服务活动，发动广大教职工党员同志参与到志愿服务中来，把全心全意为人民服务的宗旨落到实处；科学分析数据和市场调查，开发实用用具，如便携式床上洗发盆帽、延伸式下肢偏瘫矫正护具等。

三、工作感悟

团支部的志愿服务工作充分体现医学院学子的风采风貌，弘扬“奉献、友爱、互助、进步”的志愿精神，用实际行动为实现中国梦做出更大的贡献。接下来要逐步创新，推进诚信建设和志愿服务制度化，打造出更多样的大学生志愿服务项目，强化社会责任意识、规则意识和奉献意识。

在开展团支部青年志愿服务活动时，要把保障志愿者人身安全作为开展志愿服务活动的首要前提，组织单位要全力且有针对性地加强安全教育，采取有效的安全措施，避免志愿者受到人身伤害；要积极维护志愿者正当权益，防止出现侵害志愿者权益的问题；要在筹划开展志愿服务活动时充分考虑大学生志愿者的特点，坚持量力而行，尽力而为，注重保障志愿者的参与热情和成就感；要加大对志愿服务活动投入力度，提供必要的经费保障，为大学生志愿者参与志愿服务创造便利条件。

作者：朱晴　湄洲湾职业技术学院医学院护理182团支部

重走红色旅途　绘彩常口行

一、支部简介

三明学院艺术与设计学院17美术学团支部“践行致知队”在党委书记罗奋涛老师、团委书记张静老师、美术系副主任李建辉老师的带领下来到将乐县高唐镇常口村开展“重走红色旅途，绘彩常口行”团支部社会实践活动。“践行致知队”是由9名学生党员和1名入党积极分子组成的团队。支部成员开展助力乡村振兴行动，为建设“党旗红、生态美、村民富、文化兴、教育强”的目标贡献力量。

二、案例解析

（一）案例概述

2019年7月6日，“践行致知队”团队到达高唐镇，简单的参观后，在高唐镇站长的推荐下选择两面空白的墙壁展开绘图之旅。经过认真的思考和讨论后，决定分别选取社会核心价值观和幸福高唐两个主题。

确定主题后团队成员们开始分工合作，有打稿小分队、调色小分队、上色小分队，还有后勤小分队，队友之间互相配合，但是难免遇到一些困难，如到了地方找不到梯子、没有水桶、墙面刚上好颜色就开始下大雨，等等。要在雨中完成两面墙的绘制，对整个团队来说是一次磨炼。经过反复思考后老师带领大家在绘画的上方贴上一层塑料薄膜，让大家在里面画画，保证了刚涂上去的颜料不被雨淋到。同时，同学们也学习到一个户外绘画的技巧。绘画期间，偶尔有村民过来观赏，通过同学们热心解答，他们对于同学们的行为及成果给予称赞和肯定。团队的同学们表示到要尽自己最大的努力干好自己的本职工作，为高唐镇的振兴增添一幅幅浓墨重彩的画卷。

（二）思路与理念

1. 美丽于墙，幸福于心，尽显乡村新风貌。此次绘墙以“重走红色旅途，绘彩常口行”为主题，分别展现“社会核心价值观”和“幸福高唐”两个方面。社会主义核心价值观以描绘和谐、文明、人文、艺术的新农村风貌为主，这里借由墙绘使价值观外化于墙，内化于心。幸福高唐的创作则力求宣扬高唐的特色文化，助力新农村精神文明建设。

2. 领悟于心，实践于行，传承乡村红基因。支部团员们通过参观萧劲光指挥部遗址及红色高唐纪念馆，使同学们铭记历史，培养他们的爱国心；通过了解革命先烈可歌可泣的事迹与精神，更加强了同学们的党性修养。

（三）工作成效

通过本次系列团日活动开展，团支部认为主要达到了以下三个目的：一是大学生锻炼意志、磨炼品格的实践活动。广大团员积极参加社会实践活动，认识社会，在火热的实践中受教育、长才干、做贡献。在此次实践活动中，持续的下雨没有浇灭学生的热情，同学们坚持完成两面墙的彩绘。不仅激发学生的学习热情，调整和完善知识结构，而且还在实践中充分地提高学生的能力，战胜各种困难和挫折，磨炼意志和品格。使学生在各方面获得全方位的提高，实现自我成长。

二是团员思想升华、精神修养的红色之旅。学生团员参观萧劲光指挥部遗址及红色高唐纪念馆。通过参观革命纪念场馆再现一段光辉历史，团员们深深铭记：要坚定自己的理想信念，饮水思源。通过参观红色文化纪念馆提高同学们的自我修养，使同学铭记历史，培养自己的爱国心。

三是深入基层、助力乡村的志愿服务。义务绘彩将乐常口，给新农村建设添彩，也给新农民生活“润色”，同时也是大学生共建美丽乡村的志愿服务。

（四）经验做法

此次“青春建功振兴常口”社会实践活动中，尽管看起来显得有些平淡，却让大家受益匪浅，为助力乡村振兴，也为建设“生态美、村民富、文化兴、教育强”美丽乡村贡献自己的一份力量。在绘画中学习知识，累积经验，把自己的专业知识和他人分享是一件快乐的事。引导广大学生增强社会实践能力，磨炼青年大学生的意志，也培养了同学们理论结合实际操作的能力和团队的精神，实现“实践社会，锻炼自我”的目的。今后大家都将更加积极地参与社会实践活动，多多锻炼自己的实践能力，磨炼自己、丰富自己的课外知识。

三、工作感悟

团支部以“重走红色旅途，绘彩常口行”为主题的墙绘活动围绕关于生态文明建设的重要论述——“绿水青山就是金山银山”展开设计思路，选用高唐镇当地元素，诸如菜田、村民等进行创作，将当地元素、艺术美感融为一体，来源于生活又高于生活，将艺术的种子播种在当地村民的心田。团支部成员在活动中利用自身的专业优势、技术能力走进基层，承担社会公益责任，服务地方建设，在志愿服务中培养对社会责任的担当，实现了“实践社会，锻炼自我”的目的，将青年团员的自我价值与社会价值、自我发展与社会发展融合在一起，在助人为乐的愉悦中自我升华。

同时，墙绘实践有利于培养大学生的爱国情怀，增强社会责任感和使命感。墙绘实践活动在校园和社会之间架起了桥梁，给学生到基层锻炼提供机会。通过类似的专业社会实践活动，同学们以美术专业功底学以致用，增强学生的专业认同感和自豪感。墙绘本身存在社会价值，赏心悦目，受到当地居民好评。墙绘实践有利于磨炼大学生的意志，提高个人的综合素质，通过参加墙绘实践活动，同学们来到条件艰苦的地方，在风里雨里连续工作七八个小时，极大地磨炼了意志，培养了吃苦耐劳的精神。同学们在活动中目标一致，通力协作，同时锻炼了人际交往能力、适应能力。

作者：郭凯欣　三明学院艺术与设计学院 17 美术学团支部

红色传久远　爱国正当时

一、支部简介

武夷学院玉山健康管理学院2018级旅游管理2班团支部由53名团员组成。团支部成立后先后组织“南京大屠杀纪念日”和平宣讲志愿活动、与百度捐书吧合作的“捐书有你、让爱延续”志愿活动、武夷山市赤石暴动纪念馆的“传承革命精神、义务讲解”等志愿活动，特色鲜明。

二、案例解析

（一）案例概述

为了纪念新中国成立70年，团支部组织志愿者队伍前往武夷山市新四军赤石暴动纪念馆祭奠革命先烈，学习革命精神并运用自身所学的专业知识为游客进行讲解答疑，让革命精神长远地传承下去的同时，也检验自身所学的专业知识，加深对革命精神的认识，为国家与社会的发展付出一份属于自己的力量，为祖国70年华诞进献一份生日礼物。

（二）思路与理念

团支部采用自愿报名与择优录用的原则，组建志愿者小队前往武夷山市新四军赤石暴动纪念馆，充分运用自身所学专业知识为来纪念馆参观的游客进行讲解，宣扬革命精神、检验自身专业知识的同时也加深自身对革命精神的认同与理解，从而获得双方面的收益。

（三）工作成效

1. 此次志愿活动开始前，团支部支委会成员召集志愿小队成员开展动员会，并为志愿者们讲解关于新四军赤石暴动事件的起因、经过、结果与意义，使志愿者小队成员对赤石暴动事件有个大概认识，并督促他们学习赤石暴动革命精神，运用自身的专业知识书写赤石暴动纪念馆的相关导游讲解词，加深对革命精神的认识与理解。

2. 在志愿活动进行时，志愿者们凭借自身专业知识，为参观的游客们进行讲解，不仅凸显团支部的风采、展示团员青年的良好形象，也使得游客们加深对革命精神与爱国主义的认同感，对祖国和平发展的期望。

3. 在志愿活动结束后，志愿者小队再度游览赤石暴动纪念馆与烈士陵园，并一一发言，发表自己对此次志愿活动的看法、感受及对自身未来学习的想法。最后，团支部支委会成员组织参加此次志愿活动的同学以宿舍为单位，以小组的形式，讲述自己此次的志愿事迹，将此次活动的感受一一分享给团支部成员，使团支部每一个成员都受到革命精神的熏陶与爱国主义的渲染。

（四）经验做法

1. 在活动设计阶段，要认真准备相关知识，结合自身现有的专业知识与党团思想相结合，进行具有特色的活动设计，不但使团支部成员深入学习党团思想，而且也可以提高对自身专业知识的认可感，从而促使其全面发展。

2. 在活动筹备阶段，团支部支委会成员要以身作则，带头学习新思想、新知识、新文化，推动新思想、新知识、新文化在团支部内的传播，从而使这些新思想、新知识、新文化为活动的顺利进行保驾护航，也使团支部成员更加深入学习团的思想与知识。团支部支委会成员要积极调动团支部成员参加团支部活动的兴趣，也要严格把关，择优选用参与活动成员。

3. 在活动进行阶段，团支部支委会成员要严格遵守活动计划，灵活应对各项突发事件，确保团支部活动的正常开展。认识到某些不足后要及时进行修正与完善，确保团支部活动的顺利进行。

4. 在活动结束阶段，团支部支委会要带头进行活动总结会议，使参加活动的每一位团支部成员发表自身的见解，形成一个互相讨论收获、交流思想的良好氛围。最后以小组的形式传播团支部活动的意义与指导思想，使每一位团支部成员都能深入地学习与了解党团的思想。

三、工作感悟

该案例设计以庆祝新中国成立 70 周年为抓手，注重学生爱国意识的培养，对大学生进行思想政治教育的工作方式更活泼、更易接受，实效性更强，贴近学校、贴近学生、贴近生活，有所创新，加深同学自身对革命精神的认同与理解，这个形式的活动既增强学生的爱国感，又在学习和活动的潜移默化中使大学生的政治素质进一步提高，从而进一步推动支部成员的凝聚力、战斗力，为顺利开展支部生活提供强有力的助推力。

作者：王凡　武夷学院玉山健康管理学院 2018 级旅游管理 2 班团支部

绘画艰辛抗战路　建设伟大复兴路

一、支部简介

武夷学院土木工程与建筑学院2018级建筑学班团支部共有团员25名。支委会组织开展丰富多彩的团支部活动。引导支部成员树立正确的人生观、价值观。同时努力推进“班团一体化”，大力提倡让团员青年将党的学习贯彻落实到日常生活中，努力做好学风建设与团支部建设。

二、案例解析

（一）案例概述

结合建筑学专业特色，网上搜集抗战时期各个红色纪念性建筑，并明确各个建筑的数据，支部成员在规定时间内将建筑图纸画出，由专业老师进行评比，选出前十名的优秀作品进入决赛。之后，在各个专业老师的帮助下，将各自的作品以模型的形式呈现。最后由全院学生和老师在微信平台进行投票，共同评判，选出前三名优秀作品，发放荣誉证书并放置于展厅。

（二）思路与理念

1. 支部成员通过网上搜寻抗战时期的红色纪念性建筑并以图画的形式展现，以此来了解抗战故事，更加深入抗战时代的英雄事迹中，让大家更加清楚复兴之路的艰辛，也更加珍惜现在来之不易的幸福生活，更加积极地响应党的号召，深入贯彻落实习近平新时代中国特色社会主义思想、科学发展观和“三个代表”重要思想理论，时刻牢记初心，不忘使命，砥砺前行，艰苦奋斗，为实现中华民族的伟大复兴而不懈努力。

2. 支部成员通过和老师共同完成红色纪念性建筑模型的构建，不仅更加了解建筑的发展历史，学习到各种各样的建筑构造方式及设计形态，拓宽自己的眼界，也可以在实践中丰富自己的专业知识，使自己的专业技术能力得到提升。在实践过程中，及时和老师沟通自己的疑问和想法，也更加丰富自己的想象空间，有利于以后的建筑设计。

3. 活动通过团支部内竞赛的方式进行，使活动氛围更加热烈，团员积极性更高昂，也便于促进团员与团员、团员与老师之间的感情交流，极大推进“班团一体化”的建设，体现团支部管理制度的公平公正，并且对于团支部及整个学院的学风建设也可以起到极大的正面影响。

4. 活动结果采用网络投票的方式，不仅公平公正，也无形中让团员青年通过微信这个新媒体平台对团支部进行大力宣传，让更多人在短时间内清楚地了解到团支部的优良精神面貌，顺应新时代下的大数据潮流。

（三）工作成效

通过一个月左右时间的努力，此次活动在微信平台上由全校同学和老师票决出前三名，由专业老师亲自颁发荣誉证书并放置于展厅内。此次活动采用支部大会、视频观看、网络搜集、图纸绘画、实践建模、网络投票等方式让团员青年积极参与其中，一方面，使团员在实践过程中不仅增强个人的专业技术能力，也深刻了解到党的建设路线方针；另一方面，通过此次活动，大大增强团支部的凝聚力。绘画图纸及构建模型的过程中，团员之间互相交流，表达自己的疑惑和创意，有融合又有碰撞，极大地促进团员之间的情感交流，响应“班团一体化”的号召，使团支部的“团味”更浓。总体来说，此次活动形式新颖，极大地吸引老师和团员青年的关注，并且在大家的共同努力下，活动圆满结束并效果显著，这为团支部组织建设打下了良好的基础。

（四）经验做法

1. 利用网络的舆论宣传优势大力对线下的活动进行宣传，在体现团支部管理制度公平公正原则的基础上，使团支部组织建设宣传方面更加广泛周全。

2. 将专业课知识与团支部组织建设完美融合，让团支部组织建设深入团员的日常学习中，使支部成员的专业技能得到训练和提高的同时推进团支部组织建设。

3. 在团支部内以竞赛的形式体现，极大地提高团员青年的参与积极性，促进师生之间的互相沟通，增强团支部凝聚力，使团建氛围更加浓厚。

三、工作感悟

团支部以团组织为战斗堡垒，以建筑学专业为依托，把团建工作和专业课程学习建设紧密结合，创新团支部组织建设工作方式方法，充分调动团员的积极性和主动性，提高他们的团员意识和专业热情，深受广大同学好评。支部活动启发是建议在实施过程中注意评选过程的公开公平公正，同时应考虑以小组的形式来开展此次活动，更大效果地为团员之间搭建沟通交流的平台，集思广益，相互学习，共同进步。

作者：张振辉　武夷学院土木工程与建筑学院2018级建筑学班团支部

青春小龙绘　美丽乡村兴

一、支部简介

龙岩学院传播与设计学院2018级产品设计（2）班团支部是一个激情飞扬、活力四射、团结友爱、自强自信的集体，是由各地区的30名学生组成的一个优秀团支部。团支部通过整体联动，团结一致，抓重点、树典型、求落实、讲效果的做法，使团支部团建工作显现出健康有序，全面协调发展的喜人局面。

二、案例解析

（一）案例概述

团支部深入学习宣传贯彻党的十九大及习近平总书记系列重要讲话精神，引领广大青年学生按照习近平总书记关于“勤学、修德、明辨、笃实”的“八字真经”要求，树立和践行社会主义核心价值观，积极投身新福建建设实践，投身“四个全面”。团支部组织“青春小龙墙绘志愿服务队”赴长汀县童坊镇肖岭村深入观察和领会“四个全面”战略布局，深刻理解党中央领导集体的治国理政新思路，完成“美丽乡村”墙绘及微视频拍摄工作。学院还组建以专业老师和团委老师为核心的指导小组，对支部活动做出部署，强调活动的重要性和相关细节，提出明确要求，做出指导安排。

此次美丽乡村墙绘活动旨在促进本团支部团员素质全面发展，加强和改进团员思想政治工作，引导团员健康成长和成才，是学生接触社会、了解社会、服务社会，培养创新精神、协作精神、实践能力和社会交往能力的重要途径。

此次团支部活动制订详细的活动策划。在报名的团员中最后筛选出19名同学组成“青春小龙墙绘志愿服务队”，并召集其他支部3名广播电视学专业团员组成短视频拍摄组，由产品设计专业的专任老师带队。相关带队老师专程前往长汀县童坊镇肖岭村考察乡村情况，确定墙绘材料及生活环境，并由后勤保障组提供相关供给。

在此期间，学院团委负责老师与带队老师及支部负责同学多次召开安全会议，明确责任，部署制订详细、周密的安全措施，明确责任，保证安全。

彩绘文化墙结合产品设计专业优势，为肖岭村设计独具特色的农耕、梯田主题墙绘方案，完成墙面清理、刷底、起稿、弹线、上色、喷字等工作，将“绿水青山就是金山银山”“不忘初心牢记使命”等内容展示在墙面上，实实在在地把村民的广告墙变成文化墙。

微视频拍摄以体现并记录“美丽乡村”墙绘全过程为主要内容。并针对肖岭村独有的农副产品拍摄推介短视频，帮助肖岭村农产品走出乡村，走向人民大众的视野。

（二）思路与理念

艺术来源于生活的灵感，而生活需要艺术来丰富。美丽乡村墙绘作为宣传农家文化的有效载体，以民众喜闻乐见、通俗易懂的绘图为主要内容，用墙体绘画的形式表现出来。城镇村、新一村的上墙彩绘，把社会主义核心价值观、优秀家训、农耕文化、特色产业等元素“涂”在墙上，让一面面墙壁变成美观而又会说话的彩绘墙。

美丽乡村墙体彩绘不仅仅是随便画点风景，同时也传递着精神文明建设的信息，以及新政策、新风向，让每一次观看变成习惯，让每一次驻足变成美德。摒弃农村旧俗，以崭新的精神面貌创建未来生活，没有电视上面铺天盖地的广告，有的是小小的提醒，提醒着每一个村民，朝着共同的目标奋斗。

新农村建设，举国上下都在进行着，建设美丽家园，创造人文环境，让每一个农村人生活富足，实现共同富裕，建设宜居、宜游的新农村，让每一个生活在这里或来到这里的人，更加的舒心与幸福，是每一个农村人的共同心声。

作为新时代的大学生团员，应该具有强烈的社会责任心，树立正确的价值观导向，主动投身到美丽乡村建设的伟大事业中去。

（三）工作成效

一面面彩绘墙为村庄换上美丽而震撼的“妆容”，让肖岭村独有的梯田文化、农耕文化与现代文明有机地结合在一起，展示肖岭村的新生活新气象新风貌，进一步美化农村环境。

此次支部活动所拍摄的短视频在人民日报抖音号展播，此次活动纪实拍摄“我是一个粉刷匠”“假如它们会说话”“人民墙绘纪实 VLOG”三个主题短视频，赢得校内外不少网友的关注点赞，其中“人民墙绘纪实 VLOG”还获得人民日报数字传播和共青团福建省委“最佳故事短视频”的表彰。

实际行动助力乡村振兴，为山乡发展添韵加辉，收获的是感恩奉献的快乐。

（四）经验做法

支部通过此次实践活动总结出以下六点经验做法。

1. 要多阅览书籍，积累知识，加强墙体彩绘的技法学习。

2. 多向老师学习请教。

3. 学会分工合作，不要一个人埋头苦干。

4. 在实际墙画绘制之前都会根据需要提供设计实景效果图，但因为墙面环境、实体绘制之人的经验等因素，往往实际绘制的效果会与效果图有较大出入。

5. 合理利用材料，刷子等，要做出细致的效果，就要有耐心的绘制。

6. 画面要合理构图分布，绘制内容要结合地方特色和活动主题进行设计。

三、工作感悟

此活动主题清晰，融入同学们的爱国爱乡情怀，墙绘内容有童坊镇本地特色的壮美梯田、有金色稻田的丰收景象、有富有农家特色家禽图等反映美丽乡村人与自然和谐、建设美丽乡村的积极风貌。经过五天的努力工作，呈现出的美丽生动的墙绘画面让来往行人驻足观赏，称赞不已，受到肖岭村村民和游客的广泛好评，也成为最新长汀县乡村旅游网红新打卡地。

作者：黄心怡 龙岩学院传播与设计学院2018级产品设计（2）班团支部

学“习”强国

一、支部简介

宁德职业技术学院 17 五年专学前 2 班团支部全体学生团员组成新时代学习小组，学习习近平新时代中国特色社会主义思想，不断地用习近平新时代中国特色社会主义思想武装自己，达到自我完善、全面发展的目的，从而进一步促进国家的发展。

二、案例解析

（一）案例概述

思想建设是团支部建设的重要部分，积极推进团支部思想工作建设，引导团员积极学习习近平新时代中国特色社会主义思想，有利于帮助同学们树立正确的世界观、人生观、价值观，有利于促进同学们不断完善自我，全面发展，有利于其成为我国的改革开放事业和社会主义现代化建设的栋梁。

（二）思路与理念

新时代学习小组建设活动共分为组织动员、成立大会、宿舍学习、网上学习、红歌比赛、进度检查、总结表彰七个部分。

各部分具体实施流程为：

1. 循循善诱——组织动员大会

集中支部团员，召开团员座谈会。要求团员全部到会，并安排团支部书记发言、团员代表发言、自由发言等流程。此环节旨在加强与团员的沟通，循循善诱，让同学理解学习习近平新时代中国特色社会主义思想的重要性，引导团员们积极投身于学习中，更好地学习习近平新时代中国特色社会主义思想，走新道路、新发展。习近平总书记在十九大上说：“不忘初心，牢记使命，高举中国特色社会主义伟大旗帜，决胜全面建成小康社会，夺取新时代中国特色社会主义伟大胜利，为实现中华民族伟大复兴的中国梦不懈奋斗。”

2. 共进共勉——成立大会

集中所有团员，召开新时代小组成立大会。此环节旨在通过支部大会正式宣布新时代小组成立，更好地团结全体团员。全体成员进行入团宣誓的朗读：我志愿加入中国共产主义青年团，坚决拥护中国共产党的领导，遵守团的章程，执行团的决议，履行团员义务，严守团的纪律，勤奋学习，积极工作，吃苦在前，享受在后，为共产主义事业而奋斗。

3. 芸窗墨香——宿舍学习

建立以舍长为中心的学习小组，通过印发材料、交流心得等方式展开学习，相互监督，以舍长为主体每晚带领舍员进行学习，以拍摄视频发至团支书处进行考核，此环节旨在引导同学们正式开始思想建设的学习，掌握习近平新时代中国特色社会主义思想。

4. 色彩斑斓——网上学习

充分利用网络资源，通过支部微博、班级群等网络媒介开展网上搜索资料了解十九大精神并学习。此环节旨在丰富同学们的思想，扩充视野及知识面，进一步激发团员们的学习热情。

5. 歌声嘹亮——红歌比赛

紧紧抓住建党98周年的契机，组织红歌比赛。此环节旨在学习老一辈的革命精神，从歌声中学习并体会那个时代的艰辛和老一辈积极向上不服输的精神品质，加深同学们对习近平新时代中国特色社会主义思想的理解，更进一步激发同学们参与活动的热情与兴趣。

6. 实事求是，深入落实——进度检查

成立负责小组，检查团员学习进度。此环节旨在督促同学实事求是，认真学习，加快学习进度。

7. 成果丰硕——总结表彰

召开总结表彰大会，对学习认真、成果丰硕的优秀团员及优秀宿舍进行表彰奖励。此环节旨在总结前期学习情况，激励同学们继续自觉学习。

（三）工作成效

通过活动使团员青年更加了解习近平新时代中国特色社会主义思想，更充分认识并加深团支部的思想建设，在不断地学习当中充分认识自己，并逐渐完善自己，加强自我的思想道德修养。

（四）经验做法

此次活动通过成立学习小组、宿舍学习、网上学习、红歌比赛等方式，引导团员积极学习习近平新时代中国特色社会主义思想，有利于帮助同学们树立正确的人生观、价值观、世界观，更好地促进同学们的全面发展。

作者：林爱芳　宁德职业技术学院17五年专学前2班团支部